大暴落！

その時、どう資産を守り、育てるか

さわかみファンド創設者
澤上篤人

はじめに

すさまじい「カネあまりの株高バブル」が続いている。ところが、これをバブルと断じるには、あまりにも熱狂感からほど遠い。いつのバブルでもお決まりの過熱警戒感みたいなものが、さっぱり出てこない。

それを良いことに、どの投資家も「まだまだ買えるぞ」という強気を崩そうとしない。バブルなんて意識は、まるでない。

とりわけ、世界の機関投資家は安心しきって債券や株式はじめ金融商品を買いまくっている。彼らは、米連邦準備理事会（ＦＲＢ）のパウエル議長による「２０２３年までは長期金利を上げさせない」発言を金科玉条にして、買い意欲を高めるばかり。

＊　＊　＊

それでも、バブルはバブル。本書では、一刻も早くバブルから離れよう、そしてバブル崩壊後への準備を怠りなく、大きなチャンスだと訴えたい。

とにもかくにも、バブル崩壊の痛手を最小限に食い止める。そして、暴落直後からの攻めに入る準備を進めておく。それが、長期の資産形成において、最重要で最高度の戦術となるのだ。

早い話、まだ株価などの上昇が続くと主張する強気筋でも、せいぜい10％から20％そこらの上値を想定してのことだろう。

ここから株価が2倍になる。たとえば、NYダウ平均株価が現在の3万4000ドルが、このまま6万ドル超になるなんて、誰も考えないはず。

一方、バブルがはじければ売りが殺到し、株価などは簡単に40～60％安となる。そこからの、つまり暴落後の反発高や株価などの本格的な戻り局面でなら、いくらでも2倍高を期待できる。

投資運用の安全性や効率性からみても、いつのバブル相場も早めに降りて、次のラウンドの準備を怠りなく。それが、「資産を守り、育てる」鉄則である。

＊　＊　＊

実は、それだけでは終わらない。ここからは、長期の投資運用の戦略といったものになる。資産形成の肝でもある。

バブルに踊り狂うのは、投資家それぞれ好きにやればいい。はっきりしているのは、いつのバブルも必ず崩れ落ちる。そして、バブル崩壊後の投げ売り局面では、宝の山が続出することだ。

多くの投資家が、バブル崩壊で大きな痛手を被る。とりわけ、企業や金融機関は巨額の投資損失や評価損を抱え込む。それを賄うべく現金確保を急ぐあまり、本来なら絶対に手放さないようなものまで売りに出してくる。

われわれ本格派の長期投資家は、そういった投げ売りの中で、宝物を片っ端から拾っていく。それこそ選り取りみどりで、バーゲンハンティングをするのだ。

通常であれば、まず手に入らないものでも、大きなバブルが崩壊した暴落時には思いがけず転がり込んでくるものだ。

２００８年９月のリーマンショック後がそうだった。ニューヨークはマンハッタンのこの地区、パリのオペラ座近くならここ())とかの不動産物件をと狙いを定めていて、ようやく手に入れた保険会社があった。

このあたりならば、長期的に資産価値は上がっていくと、50〜１００年越しで狙っていたものだ。そういった不動産なんぞは、世界的に投げ売りが集中している時でないと、まず出てこない貴重物件である。

ずっと価値が高まり続けるであろうものを狙い定めて、しっかりと買い仕込む。

それこそが、本物の投資家である。

＊　＊　＊

ともあれ、バブル崩壊の津波をもろに食らって押し流されては、お話にならない。

早め早めの行動でもって、投げ売りせざるを得なくなる立場には、絶対に陥らないことだ。

そして、バブル暴落相場で「待ってました」の買いに入る。それでこそ、バブル崩壊に遭遇しても、資産を守り育てることができるわけだ。


もはや時間の問題ともいえる金融バブル崩壊では、株価など金融マーケットが大暴落するだけではない。バブルに踊った企業や金融機関などが、巨額の投資損失や評価損そして不良債権の山を抱え込んで、塗炭の苦しみに喘ぐのは当然のこと。

その先では、巨額の資産デフレが襲いかかってくる。それが金利上昇と信用収縮を引き起こし、経済活動や社会を大混乱させる。いつのバブル崩壊でも起こることだ。

そこで、これは大変なことになったと、国や政府があらゆる対策を講じるわけだ。ところが、今回は天文学的な金額の資産デフレが発生し、国も政府も、はたまた中央銀行も打つ手なしの状況に追い込まれよう。

どういうことか？　リーマンショックやコロナ危機を乗り越えようと、先進国中心にタガが外れたかのような金融緩和と大量の資金供給を連発してきた。

その結果、各国の財政赤字は拡大の一途となり、国債の発行残高は巨額に積み上がった。また中央銀行の資産規模は異常に膨れ上がった。

各国政府はいわばボロボロの財政状態で、一体どんな対策を打てようか。バブル崩壊で債券市場は暴落し、それは長期金利の急上昇を招く。となると、金利コストの急増で国債発行もままならなくなり、対策費の調達すら難しくなる。

一方、各国の中央銀行も保有国債などの大幅値下がりにより、異常に膨らませた財務が急悪化する。それでなくとも、お金を大量にバラ撒いてきたのだ。インフレの火が燃え広がるのは、もう止めようがない。

そう、国も中央銀行も打つ手なしの状況に追い込まれていくわけだ。バブル崩壊や資産デフレで経済も社会も大混乱に陥っている。それに対し、国や中央銀行はなにもできない。すると、どうなるのか？

想像を超えてひどいことになろう。場合によっては国の制度や仕組みのガラガラポンもあり得る。

もはや、国に頼ることはできない。自助の意志と意欲で、この難局を切り開いていくしかない。頼れるのは自分のみ。

そこで大事になってくるのは、「いかに資産を守り、育てていくか」だ。本書の執筆を急いだのも、まさにこれから起こるとんでもない危機を堂々と切り抜けていくためだ。

＊　＊　＊

しっかりと長期の株式投資をやっていこう。どう長期の株式投資をやっていけばいいのかも書いておいた。あとは読者の皆さん、やってみて、慣れるだけだ。

大丈夫、「マネー膨れ」した経済がようやく吹っ飛んでくれて、いよいよ実体経済をベースとした本来の経済に戻っていくのだ。長期の株式投資には、すばらしい追い風となる。

すなわち、われわれ長期投資家の出番である。

澤上篤人

2021年　初夏

I バブル崩壊前夜

第1章 この金融バブル、一刻も早く離れよう

第２章

火薬庫が、どんどん大きくなっている

第3章

機関投資家は、バブルを最後まで踊り続けるが…

Ⅱ 未曾有の大暴落

第4章 バブル崩壊の地獄絵

第５章

金融も経済も大混乱に

第6章

マネー史上主義の終焉

III 夜明けと資産形成

第7章 いよいよ実体経済への回帰だ

第8章

これが、長期投資のすごさだ

第9章

誰にでもできる、それが長期投資だ

デザイン／鈴木大輔・仲條世菜（ソウルデザイン）
写真／伊藤幸子
図版／田中まゆみ
校正／共同制作社

バブル崩壊前夜

I

第1章

この金融バブル、一刻も早く離れよう

世界的なカネあまり株高、どこまで行ってしまうのか?

世界の投資運用ビジネスで生きてきて、今年でちょうど50年になる。日本ではもちろんのこと、世界の運用業界を見わたしても、筆者はいまや数すくなくなった古株である。

50年というと、実に1971年8月のニクソン・ショックや、73年11月に発生した第一次石油ショックにまでさかのぼる。ずいぶんと昔からの投資運用経験といえるが、その古株が本書で大警告を発しているのだ。

大警告とは?

「オイオイ、どこまで上昇する気なの」といいたくなるような、とんでもない株高や壮大な金融バブルが続いている。すごいバブル高となっているが、大崩れする日はそう遠くない。その時は、ひどい下げとなる。その警告だ。

＊　＊　＊

筆者はニクソン・ショックの当時から今日まで、幾度となく大小のバブルを経験し、その後の暴落相場にも遭遇してきた。だが、今回のような「冷めたバブル」に直面するのは、はじめてである。

冷めたバブル？

そう、株式投資でいうとさっぱり熱狂感がともなわない、いやに落ち着いた株高バブルが続いているではないか。

それでいて、各国市場の平均株価は次々と新高値に挑んでいる。日経平均株価も、30年ぶりの高値にまで戻ってきた。投資家は高値警戒感などまったくみせず、どんどん買い群がってきている。

どうみても、バブルであるのは、疑いようがない。なにしろ、世界的なカネあまりを理由に、株式でもなんでもより上値を求めて、手当たり次第の買いが続いているのだから。

まだまだ買えると買いまくって、一部の企業の株価などは50年とか100年先の業績までも先取りしてしまっている。いくらコロナ後の景気急回復を期待するといっても、尋常ではない高値買いぶりである。

しかるに、個人はもちろん機関投資家や市場関係の間では、バブルという認識など、まるでないようだ。

それどころか、株高がさっぱり熱狂的とならないのを良いことに、「この上昇相場は若い、まだまだ買える」といった強気が多数派を占めている感さえある。

彼らにとって最大の買い安心材料は、米連邦準備理事会（FRB）など先進国の中央銀行が「2023年までは長期金利を上げさせない」と断言している点だ。それを裏付けるかのように、各中央銀行が国債などを断続的に買い入れて、大量の資金供給を続けている点だ。

ゼロ金利の状態が、まだこれから2年も続き、資金も大量に供給されるとなれば、金融マーケットはもう怖いもの知らずである。買いがどんどん集まってくる。

それを象徴するかのように、世界の債券市場は安泰そのものである。ずっと高値圏にありながらも、値崩れの気配すらない。

良いとこ取りの株価先高感

株式市場も大きく売られる不安は、どこにもない。世界的なカネあまりを受けて、個人投資家も機関投資家も、株価の先高感になんら疑いをもたない。

それどころか、利益確定の売りを急ぐ理由が、そもそも見つからない。これだけ高値追いしているのだ。通常なら、そろそろ利益確定をしておこうとする売りが出てくるもの。ところが、高値だからといった売りが、まったく出てこない。

どの投資家も、すごい高値追いだバブル高だといわれようが、平気で買い参加を続けていられる。なにしろ、これほど安心して買いまくれる上昇相場は、めったにおめにかかれない。そう信じて疑わないのだから。

ちなみに、世界の株式時価総額が２０２１年３月末時点で、約１０６兆ドルとなったとのこと。この１年間で60％もの増加だ。**図表1**で示すように、世界各国の国内

図表1

世界の株式時価総額は106兆ドルに

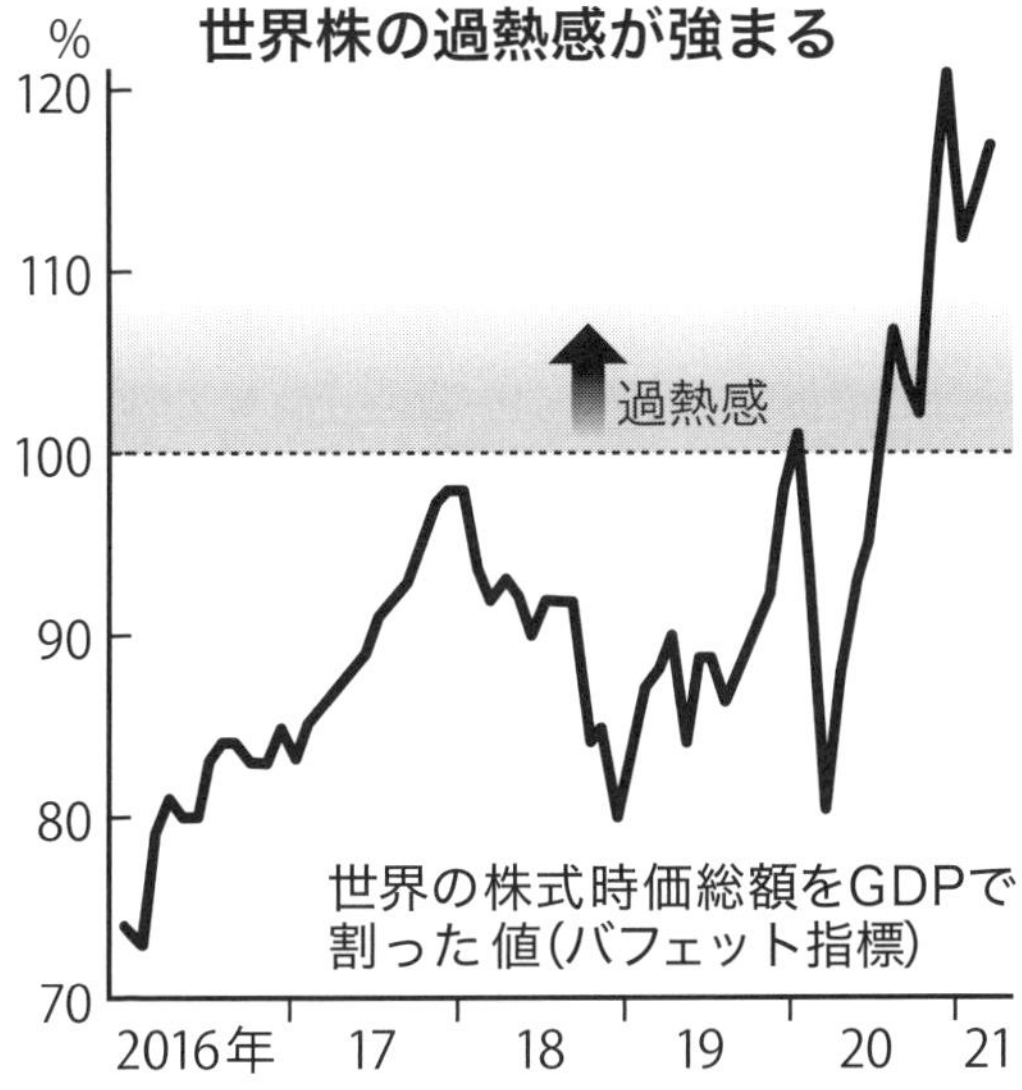

(日本経済新聞 2021年4月2日)

- 2020年12月にはじめて1兆ドルを超えた
- いまや、世界名目GDPを17%も上まわっている総生産（ＧＤＰ）91兆ドルを17％近くも上まわる異常高である（２０２１年見通し、国際通貨基金）。

なんといっても、先進国中心にこれでもかこれでもかと財政資金が投入され続けているのが大きい。現に、コロナ禍による景気落ち込み対策ということで、各国はタガの外れたような財政出動を連発しているではないか。

それに加え、米ＦＲＢはじめ各国中央銀行による資金供給は、前代未聞の規模で続けられている。国債でもなんでも買い入れて、市中に大量の資金を放出しているのだ。

そう、各国政府ならびに中央銀行が史上空前の資金供給を続けているわけだ。ところが、コロナ不況もあって、経済の現場に吸い込まれていく資金は、ほんの一部である。働き場のないマネーは、株式市場などへ流れ込んでいくことになる。

その典型例といえるのが、米国などで失業給付金として配られた資金の一部が、どんどん投機マネー化していることだろう。

一人あたり１４００ドル（約15万円）の現金給付は、本来は消費に向かってもらいたいところ。なのに、かなりの部分が投機資金と化して、株式市場に流入してきている。

これだけ資金があふれ、それが株式市場に流れ込んでくれば、投資家や市場関係者ならずとも株価の先高期待が高まって当然である。それが熱狂感なきバブルを演出しているといっていい。

さて、このバブル株高は一体どこまで行ってしまうのだろう？

熱狂感がないだけに、始末の悪い相場展開

いつのバブルも、最後はガタガタと崩れだして、すさまじい暴落相場となっていく。高くなりすぎたものは、いつかは崩れ落ちる。それが自然の摂理である。

どのバブル相場も、はじけ飛ぶ寸前までは、こんこんと湧き出る泉のように買いが集まってくる。その買いが新たな買いを呼ぶ展開で、次々と出てくる売りをこなしながら、相場は上値を追っていく。

そのうち高値もみ合いに入る。そろそろ利益確定をしておこうとする、まとまった売りが出てくる。その売りと、まだまだいけるとする買いエネルギーとが激しく交錯して、マーケットは過熱化（ヒートアップ）の一途となる。

これが、いつのバブル相場でもみられる高値もみ合いの熱狂である。買いと売りとが激しくぶつかり合って、マーケットはガンガンに熱くなる。

売り崩されて大きく下げるや、すかさず買いが入ってきて、それまで以上の高値にまで戻す。そういった展開で、マーケットはどんどん熱くなる。その熱さが、さらなるマーケット参加者を呼び込む展開となっていく。

あまりにヒートアップの度が過ぎると、バブル相場も徐々に変調をみせはじめる。それまで、熱狂的な買いを続けてきた投資家の間でも、さすがに高値警戒感が鎌首をもたげてくるわけだ。

このままいくと、どこかで相場が崩れだして、売り一色の地獄となるのは必定。そういった棒下げだけは食らいたくない、その前に利益確定の売りを出しておくのが賢明と誰もが考える。

とはいえ、強烈な買いエネルギーは、まだまだ続いている。ここで上昇相場を降りてしまうのは口惜しい。いずれは、売りを出すとしても、すこしでも先まで引っ張りたい。

そういった、先行きの下げを警戒するリスク意識と、まだまだ儲けたいと思う欲望との葛藤が、投資家の間で芽生えてくる。といっても、最初は一部の投資家たちの間だけだ。そのうち、そういった葛藤が、じわじわとマーケット全体に広がっていく。

毎度のバブル相場では、こういった高値圏特有の葛藤というか、「売ろうか、もうすこし引っ張ろうか」のせめぎ合いが、尻上がりに高じてくる。そして、どこかで臨界点を迎えて、下げ相場に一転する。

＊　＊　＊

そういった展開に対し、われわれ本格派の長期投資家は、いつでもバブル高とは一線を画すよう心懸けている。だから、マーケットの過熱ぶりを冷静そのもので眺めていられる。

そして、そういった高値圏のせめぎ合いが「いよいよ、はじまったぞ」と、まるで他人事のようにバブル崩壊が近いのを確信する。

当然のことながら、バブルからは一歩引いた投資スタンスでマーケットに参加しているから、バブル崩壊も軽微の痛手で乗り越えられる。

ところが、今回はどうだ。バブルに群がる投資家たちの間で、先行きの下げを警戒するリスク意識など、どこにもみられない。もちろん、高値圏での激しい売りと買いのせめぎ合いも、まったくもって目撃できないではないか。

それどころか、バブル相場につきものの買い熱狂も、さっぱり高まってこない。世界の機関投資家たちも巨額の資金を運用しているが故に、いつもはマーケットの先行き動向に神経を尖らせているものだ。ところが今回はどうだ、余裕しゃくしゃくの買い参加を続けているではないか。

ということは、まだまだ警戒ゾーンに至っていないのか？　バブルだと騒いでいるのは、われわれ長期投資家だけなのか？　このまま、2023年までは高値追いが続くのか？

さてさて、どうにも始末の悪いバブル高である。

バブルはバブル、とにかく離れろ！

まあ、相場の先行きは神のみぞ知るの世界。この先、相場がどう転がるかなんて、予測もつかない。いつのバブルも、終わってはじめて「あれは、バブルだった」と人々は認識するものだ。

もっとも、あれはバブルだったと人々が認識する時には、どの投資家も大損を食らって地べたに叩きのめされている。痛い目にあってから、バブルを反省しても遅い。

ちょっと待ってくれ。本書が訴えたいのは、今回のバブルがどうのこうのではない。また、いつ頃まで金融バブルが続くのかの予測をしたいのでもない。

読者の皆さんに強く訴えたいのは、いかにしてバブル崩壊の大津波に押し流されないかだ。もちろん投資している以上は、株価の全面下げの影響から無傷では逃れられない。それでも、バブル崩壊で受ける傷はできるだけ軽微で済ませたい。

その上で、バブル崩壊後の安値を狙って、一気の大攻勢を仕掛けるのだ。それでこそ長期投資家の真骨頂を存分に発揮できる。そのためにも、この金融バブル崩壊を軽微の傷で乗り切る必要があるというわけだ。

＊　＊　＊

この金融バブル、どんなに長く続いたとしても、せいぜいあと2年だろう。その間に、どれだけ「バブル儲け」を積み上げたところで、バブル崩壊の荒波に襲われたら元も子もない。

考えてもみよう。日本や米国の株価が、ここから上がったとしても良くて10％とか20％とかの上昇だろう。間違えても、２倍の株高を期待する投資家はいないはず。２倍高というと、ＮＹダウ平均株価が現在の３万４０００ドルが、６万ドル超えまで上昇することを意味する。ちょっと考えられない株価水準ではなかろうか？このまま一直線に、そこまで上昇するのだろうか？

一方、今回のすさまじい金融バブルが崩壊となれば、株価全般が40～60％暴落するのは容易に想像できよう。そして、暴落後の反発局面では、安値から株価が2倍になるなんて、よくある話。

これが、われわれ長期投資家の、バブル対処法である。ここからの10~20%程度の儲けの可能性などにしがみつかない。バブルの残り火など、きれいさっぱり捨ててしまう。それよりも、暴落後の2倍高を狙うのだ。

つまり、バブル崩壊の荒波はできるだけ軽微の傷でやりすごすように心懸けよう。間違えても、株価暴落の棒下げに巻き込まれてはいけない。だから、バブル相場とは一線を画しておこうといっているのだ。

いつのバブル崩壊でも、大きく買われてきた銘柄群は、雪崩のような投げ売りを浴びて、ひどい下げとなる。そんな修羅場に巻き込まれた日には、もはや財産づくりどころではない。それまでの財産さえも大きく失ってしまう。

いまある資産を守りつつ、無理なく殖やしていく。それが、長期の財産づくりに絶対の条件である。

ということは、いずれ到来するバブル崩壊からは、できる限り離れておくに限る。そして暴落後を待って、猛然とバーゲンハンティングに入っていくのだ。

その前に、もうすこし今回の金融バブルをみてみよう。

先進国の中央銀行が胴元になっている、前代未聞のバブル

すごい金融バブルが現在進行中だが、バブルに踊っている人たちからすると、これは愉快きわまりない展開だろう。なにしろ、先進各国の中央銀行が胴元になってくれているのだから。

米国の中央銀行にあたるＦＲＢはじめ、ヨーロッパ中央銀行、それに日銀も、長期金利は上げさせない、資金はいくらでも供給すると断言している。これは世界の投資家や金融マンたちにとって、最高かつ最強の支援材料である。

長期金利は上げさせないとなれば、ずっと天井圏に張りついている債券市場だが、これはもう崩れっこない。それどころか、まだこれからも新規発行される債券を、いくらだって安心して買っていける。

次から次へと世に出てくる各種の仕組み債だって、それほど発行体の素性や信用力などを気にすることなく手を出せる。

株式も金利上昇を心配しなくていいとなれば、安心して買える。なにしろ、金利コストが上昇して企業収益を圧迫する懸念はなく、企業業績のさらなる上乗せ期待でどんどん買い上がれるというもの。

その上にだ、資金はいくらでも供給してくれるときた。通貨の番人である中央銀行がゼロ金利を維持しつつ、資金をさらにさらに供給してくれるというのだ。これは千軍万馬の味方を得たようなもの。

かくして、世界の金融マンはなんの不安もなく上値追いができる。どんな金融商品でも買える。大きく売り込まれる心配は無用で、好きなだけ買い上げられる。まさに、各国の中央銀行が胴元になった前代未聞の金融バブルが現在進行中なのだ。

ちょっと待ってくれ。いくら先進各国の中央銀行が長期金利は上げない、資金はどんどん供給するといっても、それらがすべて金融バブルに直結するわけでもないだろう?　金利ゼロで大量に資金を供給してくれる恩恵は、金融のみならず経済のあらゆる分野に広がっていくのでは?

もちろん、その通りだ。そういった経済拡大効果こそが、各国の中央銀行そして政府の期待するところだろう。

それはそうなのだが、マネーというものは計算高く、常に最大の儲けを狙う。いつも一番儲かりそうなところはどこか、それもできるだけ短期間で利益を手にしたいで、虎視たんたんとしている。

となると、金融分野で儲かりそうなら、そちらがマネーにとって最適の群がり分野となる。なにしろ、金融とは売りと買いの取引約定でしかない。現物の受け渡しがともなう通常の商取引と違って、数字の付け替えだけで取引が完了する。

つまり、金融取引では右から左へと、数字が往ったり来たりするだけで、売買益が稼げる。できるだけ短期間に、できるだけ多く稼ごうとすれば、お金の付け替えにすぎない金融取引に敵うものはない。

そういうわけで、先進各国の中央銀行が金利をゼロ同然にし、資金を大量に供給すればするほど、金融マーケットは活況となる。現在進行中の金融バブルがまさにそういった展開だ。

中央銀行が胴元となった、前代未聞の金融バブル。そういっていいだろう。

相場では、中央銀行とケンカするな

昔から株式市場においてのみならず、投資の世界で厳に戒められているのが、中央銀行とはケンカするなである。相場格言のひとつといってもいい。

投資や投機など相場の世界では、売りと買いが真っ向から力勝負をする。まさに、売り方と買い方のどちらの力が勝るかだ。

参加者たちは、売り方あるいは買い方のどちらにくみする方が優利か、常に神経を研ぎ澄ます。あるいは、どちらに賭けるべきかで思惑を張る。

勝つ方につけば、多い少ないはともかくとして、それなりの利益にありつける。一方、思惑が裏目に出て負ける方についたならば、持ち金を失う。

ところで、ガップリと四つに組んだ相場での勝負だが、相場そのものはいつでも流動的である。なにしろ、買い方につくか、あるいは売り方につくか、マーケット参加者たちは変幻自在なのだから。

いままで売り方にまわっていたはずの連中でも、買い方が有利とみるや、さっさと立ち位置を変えてしまう。つまり、それまでの売り玉は捨てて、逆に買いポジションを一気に高めるようとするのだ。

逆もまた、同様である。相場動向次第では、これまでのポジションは損を出してでも見切る。そして今度は勝ち組に乗って、より大きな儲けを狙おうとする。

このように、買い方へでも売り方へでもコロコロ立場を変えるのが、マーケット参加者の常である。彼らにとっては、儲かれば良しで、買いでも売りでも構わないわけだ。

そういった投資家たちの変転きわまりないマーケット参加こそが、相場の世界をおもしろくしてくれている。古今東西、数知れぬ相場師たちが挑んできた、相場の魅力でもある。

それは相場師の世界だけではない。

この30年ほど、世界の機関投資家の間で、ディーリング運用が大きな地歩を築いてきた。ディーリング運用では、値ザヤさえ稼げれば、それで良しだ。売り買いどちらでも自在にマーケット参加するのが仕事である。

あえていえば、昔は相場師が、昨今は機関投資家のディーリング運用が、株式相場を牛耳っている。

そんな相場の世界で、昔から最大の敬意を払われている教訓が「中央銀行とはケンカするな」だ。中央銀行はその時々の金融政策を遂行する方向でもって、金利水準や資金供給量を調整する。

中央銀行の立場は、もちろん売り方ないし買い方、どちらか有利な方につこうとするのではない。あくまで政策遂行ありきである。

逆に、政策ありきのスタンスで中央銀行にどんと構えられたら、どんなマーケット参加者も歯が立たない。なにしろ、中央銀行だから、資金はいくらでも捻出できる。資金が尽きれば、一敗地にまみれる世のマーケット参加者とは違う。

いわば打ち出の木槌をもっている中央銀行が胴元となって、資金を供給しまくっているのが、今回の金融バブルである。

世界中の金融機関や機関投資家がもろ手を挙げてバブル買いに参加するのも、なるほどなとうなずけよう。まさに中央銀行とはケンカするなだ。

それでも、バブルは必ずはじける

現在進行中のカネあまり上昇相場だが、世界中の金融機関や機関投資家からすると、バブルとさえも認識していないようだ。そう思えてしまう。

なにしろ、米FRBはじめ先進各国の中央銀行が胴元となって、資金はいくらでも供給するぞといってくれているのだから。

まさに、政府や中央銀行が公認の株価上昇相場といっていい。個人や機関投資家にとっては、かりにバブルを警戒するとしても、それはまだずっと先のこと。そのぐらいの感覚だろう。

ともあれ、これは前代未聞の珍展開である。

金利はゼロ同然で資金はいくらでも供給されるというお墨付きが、各国政府や中央銀行から与えられているのだ。だから、どの投資家も安心しきって買いポジションを膨らませられる。

先ほども書いたが、中央銀行が胴元になって「もっと買い参加しろ」と、世界の投資家たちに号令をかけているのだ。これでは、機関投資家を中心にして、バブルの認識もバブル警戒感も高まってくるはずがない。

本当は、それが一番危険なことなのだが。

バブルの認識もバブル警戒感もなしで、ひたすらバブル買いに参加しているのだ。売りがまったく出てこない中を、彼らは買って買いまくっている。それこそ、バブル買いである。恐ろしい展開になっていると思わないか?

ともあれ、資金はいくらでも出す。もっと買え、もっと買えと煽られるがままに、運用のプロであるはずの機関投資家たちが買いまくっている。その果ては、どうなるかのリスク意識を誰ももとうとしない。

われわれ本格派の長期投資家からみるに、「もういい加減にしろよ」だ。彼らの「まだバブルではない」という思い込みと、すごい買いまくりこそが、もうすでに立派なバブルと断言できる。

この中央銀行が胴元となっている前代未聞の金融バブルだが、もうそう遠くない将来に崩れ落ちるだろう。いつのバブルも、熟柿が木から落ちるように、いつかは崩れに入る。

熟して自然に落ちはじめるのか、ちょっと強い風が吹いて木から落ちるのか、どちらでもいい。買って買いまくってきた相場だが、いつかはその重みに耐えられなくなる。それが自然の摂理である。

壮大なカネあまりの、薄っぺらなバブル株高

先に、冷めた株高バブルで、どうにも始末が悪いと書いた。それほどに、今回のは昔から繰り返されてきたバブル現象とは様相が違う。

なにしろ、バブル特有の熱狂的な買いがみられない。というか、通常なら高値で利益確定や、待ってましたの売りが出てくるもの。それらを、どんどん吸収していく買いエネルギーの強さというものが、さっぱり感じられない。

世界的なカネあまりをいいことに、全員が買い参加の姿勢を強めたままでいる。そのため、売りがまったく出てこない。だから、買いのエネルギーの強さがためされることなく上昇相場が続く展開となっている。

したがって、高値もみ合いとか、売りと買いの激しいぶつかり合いから醸し出される熱気というものが、まるで感じられない。それが故に、株式市場が激しい売り買いでむせ返るのとは、ほど遠い状況にある。

まさに、バブルらしからぬバブルである。

裏を返せば、きわめて薄っぺらなバブルともいえる。機関投資家を筆頭にして、市場参加者の多くが世界的なカネあまりを背にして、買うことしか考えずに舞台に上がっている。それで、売りというものがまったく出てこない。

その上、あろうことか、米FRBはじめ各国の中央銀行が株買いの胴元になってくれているのだ。これほど強い買い安心感はない。

マーケット参加者の皆が、株価はまだまだ上がると信じている。すくなくとも、先行きのどこかで下げがはじまる前に売っておこうとは誰も考えない。

だから、そろそろ利益確定の売りを出した方がいいだろうといった、ごく普通の投資判断が皆目みられない。つまり、売りがさっぱり出てこない状況で、一方的な株価上昇が続いているのだ。

相場というものは、高値になればなるほど、売りがどんどん出てくる。そういった売りをこなしながらの株価上昇は鍛えられているから、力強さを感じるものだ。

ところが、今回のは様相が違う。いってみれば、苦労しらずのお坊ちゃまみたいなもの。図体は大きくなったが、身体も精神も鍛えられていない。だから、薄っぺらなバブル株高というしかない。

通常のバブルであれば高値もみ合いを経ての、つまり売りをこなしての株価上昇なので、それなりに株価は鍛えられている。それが、今回はまったく鍛えられていないのだ。

ということは、現在進行中のすさまじい株高は、案外ともろいバブル高ともいえよう。なにかのきっかけで売りが集中しだしたら、一挙に大崩れということにもなりかねない。

このバブル、崩れだしたら早いぞ

通常のバブル崩壊では、ドカーンと大きく下げては負けじと戻す展開を3～5回ほど繰り返し、その後に本格的な暴落に入っていく。一挙にマーケットが崩れ落ちていくなんてことは、まずない。

ところが、今回のカネあまり株高バブルは薄っぺらな上昇が続いてきた。それが故に、いざ下げがはじまるや一直線の暴落ということも十分にあり得る。

なにしろ、高値で当然のように出てくる売りを、まったくといっていいほどこなしてきていない。その分、まとめて出てくる売りは巨額なものとなり、世界の株式市場は一挙に大暴落となるわけだ。

その結果、ほとんどすべての投資家が大やられする。今回のバブル相場では誰も売ってこなかったから、皆まとめて大きな投資損を被るのは仕方ないだろう。

すこし説明しよう。いつの大相場でも、高値圏では売り買いが四つに組み合った壮絶なもみ合いを続ける。壮絶なもみ合いの中で、株価は大きく下げたり、すぐ戻したりの振れ幅を徐々に大きくしていく。

そして最後には、ドカーンと大きく下げて本格的な暴落相場に入っていく。その寸前までは、派手な下げや急激な戻りを繰り返すことで、この上昇相場はまだまだ続くと思わせたりもする。

むしろ、大きなもみ合いの先に、相場が上っ放れするかのような様相さえ示す。大相場とは、そんな感じの展開となる。

その間に、個人でも手慣れた投資家たちは、うまいこと相場から離脱していく。彼らからすると、高値もみ合いで時間的な余裕があるから、バブルが崩壊する前にどんどん売り上がっていって、利益をたっぷりと確保することもできる。

ところが、今回はおそらく突如そして一挙の大暴落となろう。いくら手慣れた個人投資家でも、さして売ってはいまい。

バブル崩壊の寸前まで買って買いまくってきた投資家たちばかりである。その彼らが一斉の売りを出すのだ。薄っぺらなバブル株高のもろさが、一気に表面化することになろう。

実はもっとひどいことになる。それは第3章で詳述するが、世界中の機関投資家が現在進行中の株高バブル相場を最後の最後まで踊り続ける。その挙げ句のバブル崩壊だ、彼らからはものすごい売りが集中しよう。

そうなってからでは、もう遅い。売りが殺到して、株式市場は地獄のような売り逃げの展開となる。

本書の警告は、とにもかくにも「近いうちに到来する金融バブル崩壊の売り地獄に叩き落されないようにしよう」だ。

いま投資している読者の皆さんは、現在進行中の金融バブル崩壊の荒波を受けるのは避けられない。それでも、受ける傷は最小限に抑えるのだ。

その上で、バブル崩壊の大暴落後に一気のバーゲンハンティングに入ろうぜ。

第2章

火薬庫が、どんどん大きくなっている

カネあまりバブル買いの反動、半端ではないぞ

昔から、「往きはよいよい、帰りは怖い」といわれている。今回の金融バブルは崩れに入ったら、想像をはるかに超えたひどさとなろう。世界中で投資損失の山が、それこそ半端でない規模で積み上がることになる。

なにしろ、世界中とりわけ先進国中心に、これ以上ないというほどに金融を緩和してきた。さらには、各国の中央銀行も金利をゼロどころか、マイナスにまで引き下げてきた。

そもそものきっかけは、2008年9月に発生したリーマンショックだ。先進各国は金融システムを守るためにと、大々的な金融緩和と無制限に近い資金供給に走った。また、銀行は大きすぎて潰せないという論理で、金融機関の救済を優先した。

それだけでも、すごいバブル醸成要因だった。事実、2020年2月には巨大に

膨れ上がったバブルが破裂寸前にまでいった。

そこへ新型コロナウイルス感染症というパンデミック問題が発生した。それで、崩れかかっていたバブルが、息を吹き返した。感染防止と世界経済の落ち込み対策とで、各国は一段と金融緩和を加速させたのだ。

以来、先進各国中心に前代未聞の規模で財政出動を繰り返してきた。そして、各国の中央銀行も金利を上げさせないよう、国債などを買いまくって市中へ大量の資金を供給し続けている。ものすごいカネあまり状況を演出してきているわけだ。

史上空前の規模の資金供給が、ずっと続けられてきた。世界の経済現場では、とうてい吸収できない量だ。行き場がなくて、あふれ返った資金はホットマネー化する。そして、金融マーケットに流れ込んでいく。

マネーというものは、いつでも、どこへでも、稼ぎ場を求めて動きまわる。それが、マネーの本性である。

この章では、世界的なカネあまりとホットマネー化した余剰マネーが、どう暴れだすか、その挙げ句どのように崩れ落ちるかに焦点をあててみよう。

ともあれ、前代未聞の規模でのカネあまりと、ホットマネー化が進んで、バブルはどんどん膨れ上がっている。その結末は、想像を絶する悲惨さとなろう。

株式市場のバブル化と、いずれ到来する株価バブル崩落のひどさについては、すでに第1章で書いた。この章では、株式以外の金融商品で、そのバブルぶりと暴落による大混乱を順にみてみよう。

静かに、常軌を逸した債券バブルが進行中

世界の債券市場は巨大化する一途となっている。金利はゼロ同然で、資金はこれでもかこれでもかと供給されている。それを良いことに、世界中で雨後の竹の子のように新たなる債券の起債が続く。国債もどんどん新規発行される。

ここぞとばかりの起債ラッシュが続いているわけだ。それらを軽々とこなして、世界の債券市場はずっと天井圏を舞っているのだ。

なにしろ、先進国中心に金融機関や機関投資家が、カネあまり運用難にある。そ

れで、新発の債券を手当たり次第に買いまくっているのだ。

そんな背景もあって、信用力を裏付ける格付けでは、相当に劣後の企業までもが、世界の債券市場で多額の資金を調達している。低格付け社債、いわゆるジャンク債だが、おもしろいように売れているのだ。

図表2をみてもらえば、その人気ぶりがしれよう。リーマンショック後に急増したジャンク債の発行が、コロナ禍でさらに加速している。

それほどまでに、世界の債券市場は膨れ上がる一途となっている。すさまじい勢いで債券を買っている金融機関や年金など機関投資家からすると、資金があり余っている。すこしでも金利を稼げるのならと、信用力の低いジャンク債でも構わず買おうとする。

それだけではない。世界的なカネあまりとゼロ金利で発生している余剰マネーは、マイナス金利国債にまで買い群がっている。満期まで保有していても、絶対にプラスとならない投資勘定であるはずの国債投資に17兆ドル、つまり1800兆円を超す運用資金が向かっているのだ。

いくら運用難だからといって、ジャンク債を手当たり次第に買いまくったり、マ

図表2

ジャンク債の発行が急膨張している

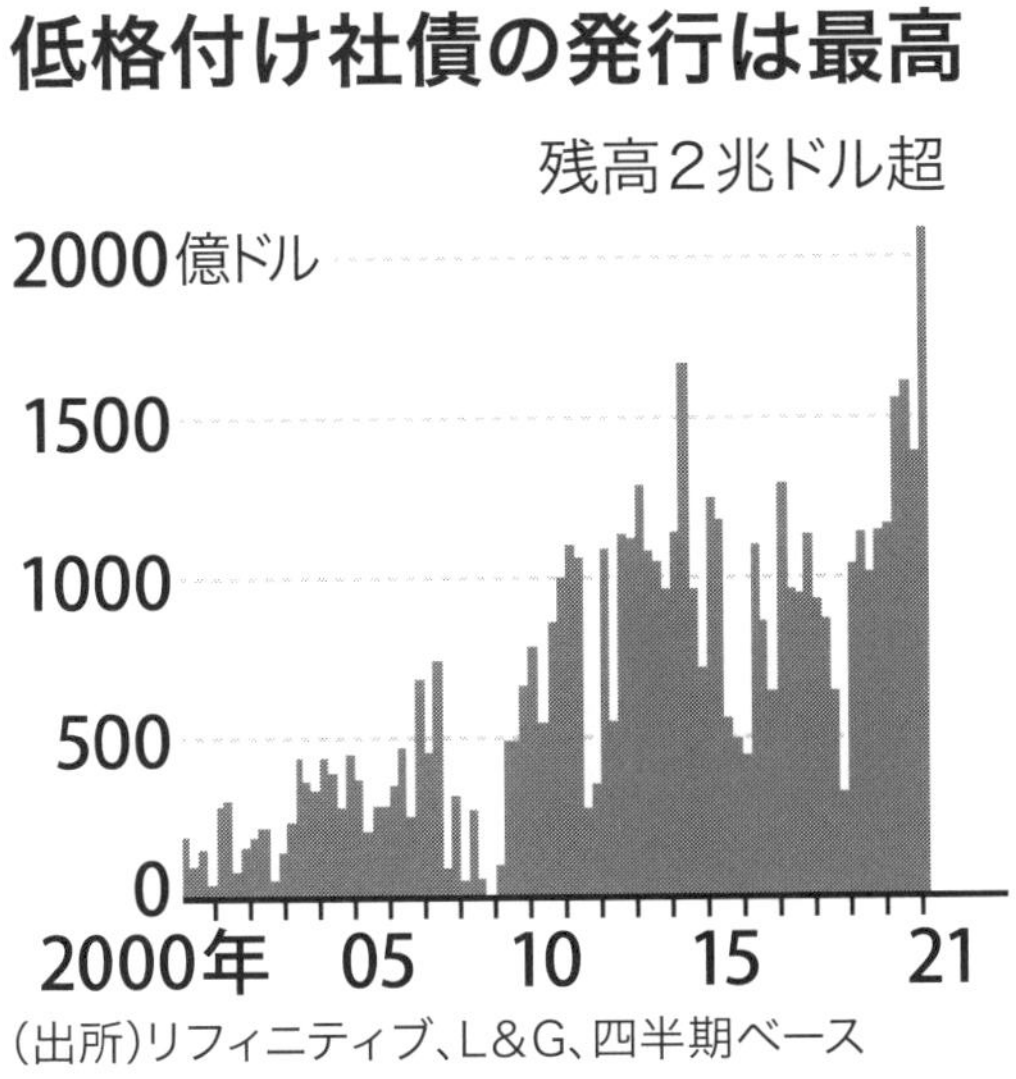

(日本経済新聞 2021年4月11日)

- 信用力が低いジャンク債は、利回りが比較的高い
- 運用難に苦しむ世界の金融機関や機関投資家は、すこしでも利回りが稼げるのならと買い群がる

イナス金利国債に17兆ドルもの資金を投入するなど、通常では考えられないこと。リスクの感覚など、まるでない。

そういった常軌を逸した債券投資に、金融機関や機関投資家たちは平気な顔して雪崩れ込んでいるのだ。カネあまり金融バブルの渦中にあるからこそ、こんなおかしな現象となっているのだ。それしか考えられない。

これらは、どうみても「往きはよいよい、帰りは怖い」の典型例である。ジャンク債もマイナス金利国債も、バブル買いのギヤが逆回転をはじめたら、もはや地獄でしかないのに。

通常の債券投資であれば、満期まで保有して元金の償還を受ける。その間、発行時に定められた利金（クーポン）を定期的に受け取る。

そもそも債券投資とは、そういった計算ずくのものである。ベースには、しっかりしたリスク管理が、発行体に対してはもちろんのこと、運用サイドにおいても求められる。

なのに、信用力の劣るジャンク債に投資するということは、無事に満期償還を受けられるか、いまいち定かではないのだ。発行体の企業が潰れたりしたら、一巻の終わりである。つまり、相当にリスクのある投資と覚悟して買うべきもののはず。

マイナス金利国債に至っては、もうお話にならない。そんなものに買い群がって、1800兆円余もの資金を投入している金融機関や機関投資家たちの気がしれない。わざわざ損をしにいって、平気な顔をしているわけだ。

もっとも、彼らからするとコロナ不況で景気は落ち込んでいるから、マイナス金利国債でも実質金利をみると、運用にはなっていると言い張れよう。実にわずかな計算上の運用利回りを求めて、マイナス金利の国債を買っているわけだ。

売られることを、まったく考えない鈍感さに鉄槌が

われわれ長期投資家からすると、どうにも理解のできないリスク軽視ぶりである。もう完全なるバブル思考というしかない。

ある日突然に、ジャンク債などを発行している企業のひとつかふたつが債務超過

に陥ったり、経営破たんをきたしたら、一体どうなるのか？　その時の混乱ぶりを想像してみるといい。

一瞬にして、世界の債券市場はパニック状態に陥るのは避けられない。それはそうだろう。そのジャンク債は紙切れ同然となるし、他のジャンク債に対しても一気に信用不安と償還不能の懸念が広がるのだから。

不安の広がりはジャンク債に止まらない。ジャンク債でもなんでも構わないが、債券投資の一角が崩れだすと、たちまち世界の債券市場全般が大揺れをはじめる。その図式は以下の通り。

ジャンク債にしても通常の社債あるいは国債にしても、売られれば債券価格は下がり、反対に流通利回りは上昇する。つまり、長期金利の上昇である。それが債券市場の大崩れの引き金となる。

債券の流通利回りの上昇は、すべての債券価格の下落を意味する。つまり、瞬時にすべての債券投資家が保有債券の値下がり連鎖という、恐ろしい現実に引きずり込まれるのだ。

もっとも、これだけのカネあまり状況だ。1社か2社のジャンク債が紙切れになった程度では、債券市場がすぐ落ち着きを取り戻すことは十分に考えられる。それをみて、債券利回りも再び下がっていく。

しかし、一度でもジャンク債バブルに水がさされると、その動揺が債券投資家の間で尾を引くのは間違いない。次は、どこが債務不履行に陥るのかと、疑心暗鬼が走ることになる。

この疑心暗鬼が高じてくると、債券市場はどんどん不安定化していく。ジャンク債の新規発行に対しても警戒感が高まるのは避けられない。

ひとたび債券投資家の間で警戒感が高まると、新規に発行されるジャンク債に対しても、より高い利金が求められることになる。つまり、発行金利の上昇を招く。

これは、ジャンク債に限らず債券全般にいえることだが、発行金利の上昇、つまり新規に発行される債券の金利が上昇することも、債券価格の下落を招く要因となる。

発行金利が上昇しだしたのをみるや、債券投資家の間でいま保有している債券を売って、新発の債券に乗り換えようとする動きが即座に出てくる。なにしろ、いま保有している債券よりも、新たに発行される債券の方が高利回りで魅力的なのだから仕方ない。

どの投資家も一斉に「乗り換えた方が賢明」と計算しだす。いつも計算ずくで投資される債券という金融商品の特徴である。

債券保有者の間でパッと広がる、より利回りの高い債券への乗り換え売りが、いま保有している債券価格の値下がりを誘引することになる。そういった乗り換え売りが、債券市場全般の流通利回りを押し上げ、さらなる債券売りを誘うことになる。

この流れが加速しながら横へ広がっていって、債券市場は大崩れとなっていく。

債券の売りは一方的、かつ暴力的となる

前代未聞のカネあまり金融バブルが現在進行中のいま、世界の債券市場の大崩れなんて、ちょっと想像できないかもしれない。しかし、そう遠くない将来に債券市場が暴落することは覚悟しておこう。

そのきっかけは、ジャンク債などの一角が償還不能となって、売りの連鎖が債券市場全般に広がっていってもいい。あるいは、世界経済がコロナ不況からの反動で思わぬ活況となって、それで長期金利が跳ね上がってもいい。

まずは、前者の場合だ。これだけの金融緩和と大量の資金供給を受けて発行され続けてきた債券だ。その発行残高は空前の規模となっている。

世界中の金融機関や機関投資家など債券投資家はいずれも、すこしでも金利を稼げればで、かつてないほど低利回りの債券を大量に保有している。

ということは、世界中の金融機関や機関投資家は、リスク許容度がきわめて低い状態で大量の債券を保有しているわけだ。

リスク許容度が低い？　そう、金利がちょっと上がっただけで、保有債券が評価損を抱えてしまうのだ。

そんな彼らにとって、ジャンク債でもなんでも発行体の債務超過や経営破たんで、保有債券が紙切れ同然となることは、驚天動地の事態となる。なにしろ彼らの債券運用ポートフォリオ全体が、根底から崩れ落ちるのだから。

運用難で背に腹は変えられぬと、低利回り債券を大量に買い漁ってきた。それらの債券が、まとめて値下がりというリスクにさらされだしたのだ。彼らの動揺ぶりは計り知れない大きさとなろう。

そうなると、ものすごい投げ売りが債券市場を覆い尽すのは容易に想像できよう。リスク許容度の低い債券投資に群がってきた咎めは、なんとも悲惨な結末をもたらすことになる。

＊　＊　＊

一方、後者つまり長期金利が跳ね上がる場合は、債券投資の恐ろしさをまざまざと見せつけられることになる。債券は典型的な金利裁定の運用商品である。あらゆる運用商品の中でも、債券の値動きが最もストレートに金利動向に連動する。

すなわち、金利が上昇すれば債券価格は下がる。金利が下がれば債券価格は上昇する。見事なまでの反比例関係にある。

ということは、この3月にも瞬間的にみられたが、長期金利の上昇は債券投資家にとっては地獄絵をみるようなものである。たとえば米国の長期金利（10年物国債利回り）が1年2か月ぶりに1・7％台へ上昇しただけでも、世界中の金融機関や機関投資家の間では緊張感が走った。

たったの0・3〜0・4％幅なのにというなかれ。その分だけ債券価格は確実に下がる。債券を大量に保有している金融機関や機関投資家にとっては、大きな投資損に直結するのだから。

問題は、世界経済がコロナ禍からの反動で、経済活動が活発化して金利が上昇基調を続けだすことだ。世の中にとっては結構なことだが、債券投資家にとってはやっかいなことになる。

長期金利がジリジリと上昇基調に入っていくことは、債券価格全般のジリ下げを意味する。それでなくても、運用難だからと超低利回りとなっている債券投資を続けてきた、世界の金融機関や機関投資家たちだ。悲鳴を上げることになる。

そして、どこかで債券市場の一角が崩れだすや、債券売りラッシュがはじまり、たちまち雪崩れ現象となっていく。それは、債券価格の一方通行的な下げとなり、長期金利の暴力的な上昇ともなっていく。

その図式は簡単明瞭である。これまで買って買いまくってきた債券が値下がりをはじめたのだ。どの投資家も一斉に保有債券の売りに走る。それが債券の流通利回りの上昇、つまり長期金利の上昇を誘引し、さらなる債券売りを呼んでしまう。

かくして、債券市場は売り地獄に落ちていく。

40 数年ぶりの債券地獄

世界の長期金利は1983年頃から、すう勢的な下げをずっと続けてきた。そして、リーマンショック後はヨーロッパ、次いで日本でマイナス金利という事態にまで陥った。

その間およそ37年間というもの、債券投資家にとっては天国のような状態が続いた。長期金利がずっと下げ基調にあったということは、債券価格は上昇に次ぐ上昇を続けたことと同義である。

つまり、世界の債券市場はずっと天井圏に張りついたまま推移してきたのだ。世界的なカネあまりと長期金利の低下を受けて、債券の新規発行も史上に例のないほどの高水準で続いたが、それらを軽々と吸収してきたわけだ。

こんな状態が37年間も続けば、債券投資家の間で「債券投資は安全」という神話が生まれても不思議ではない。実際、現在の債券運用者のほとんど全員が債券の上昇相場しか経験していない。だから、債券投資は安全ということになってしまう。

ところが、40数年前、つまり1970年代半ばから82年にかけて、世界の債券市場は地獄をのたうちまわっていた。米国の長期金利でいうと、ずっと10％台にあり、瞬間16％とか18％をつけたのだ。

10年物の国債利回りが10％を超えていたということは、米国債をはじめとして債券価格はボロボロの安値にまで売り叩かれていたわけだ。債券投資は安全どころか、地獄そのものだった。

あの頃の悲惨な状況を経験している債券運用者は、もうほとんど現役を退いた。いまや債券投資の恐ろしさを知らない運用者たちばかりだ。そんな彼らの眼前に、債券市場の暴落相場が襲ってきたら、一体どんなパニックとなるのだろう？

それでなくても、債券市場の暴落は一方通行的な下げとなる。なにしろ、債券は典型的な金利裁定の運用商品だから、「債券価格の下落⬇長期金利の上昇⬇さらなる債券価格下落」の連鎖に、すべての債券投資家が引きずり込まれる。

その流れで、債券市場は、あっという間に崩れ落ちていく。それも暴力的な下げをともなって。

好例が、というより世界でこの37年間で唯一といっていい債券暴落が、日本で発生した。1986年の夏に、大阪の中堅化学会社が債券投資で損失を抱え込んだというウワサが流れた。

そのウワサで債券市場は総売りのパニックとなった。その結果、86年の8月には2・5%台だった長期金利（利回り）が12月には、6%にまで跳ね上がった。すさまじい債券価格の下落となったわけだ。

これなども、債券相場の下げがいかに一方通行的となり、かつ問答無用かを如実に物語っている。債券投資は決して安全ではないのだ。

ゼロ金利に慣れてしまい、金利変動に対応できない恐ろしさ

もうひとつ、指摘しておこう。1986年の当時は、70年代の終わりから80年代前半にかけての、世界的な債券地獄を経験している人たちが一杯いた。それでも、あれだけのパニック売りとなったのだ。

いずれ時間の問題で到来する債券相場の大崩れ、あるいは長期金利の急上昇に直面したら、世界の債券投資家たちは一体どう対処するのだろう？ 債券価格の急落など未体験もいいところ。だから、驚天動地の大パニックとなろう。

しゃにむな投げ売りが殺到し、世界の債券価格はまったく値段がつかないような棒下げとなるのが眼に見えるようだ。そして、長期金利は一挙にビックリする水準にまで跳ね上がろう。

やっかいなのは、世界的な金融緩和とゼロ金利政策で、短資市場が壊滅状態となっ

ていることだ。

債券投資家たちの総売りに関しては、投資家の間での死活問題だと限定することはできる。とはいえ、長期金利の急上昇は国債発行に頼っている先進各国の財政運営を直撃する。そのあたりは本書の後半で詳述しよう。

一方、短資市場が機能しないとなった日には、経済活動全般に影響が及ぶ。それも即座にだ。

どういうことか？　その日あるいはオーバーナイト（翌日渡し）の資金融通をする短資市場が機能しないとなると、経済活動全般がマヒ状態になる。

その短資市場が機能しないとなると、企業と銀行間の資金決済が滞り、経済の現場あちこちで現金不足となる。つまり信用が急収縮し悲鳴が上がる。

金融を緩和し、金利をゼロ同然としさえすれば、経済は成長する。そう唱える、マネタリー政策を世界とりわけ先進国では、この30年あまり一貫して押し進めてきた。その限界と咎めが、短資市場の機能マヒとなって噴き出てくるわけだ。

政策でもって、金利をゼロあるいはマイナスに抑え込んできたから、短資市場の役割など無用もいいところ。そういって短資市場を壊滅状態にさせてきた咎めが、信用収縮となって経済活動に襲いかかってくるのだ。経済活動の大半は信用でまわっている。現金のやり取りなど、ほんの一部である。とりわけ、日々の資金融通を担当する短資市場の役割は、きわめて重要である。

金利変動は経済活動の原点ともいえるもの。なのに、各国そして中央銀行はずっと金利をゼロ同然に抑え込んできた。その金利が、債券市場のみならず短資市場でも、いよいよ暴れだすのだ。

すさまじい金融や経済の混乱は、もう避けようがない。その時、各国そして中央銀行は一体どう対応するのだろう?

なんとも恐ろしい火薬庫である。

運用会社は、どうするのだろう?

巨大な火薬庫は、債券市場だけではない。前代未聞の大量資金供給とゼロ金利政策によって、先進国中心に世界のカネあまりは、とんでもない怪物を生みだしてしまった。

怪物？　そう、おそろしく巨額の資金を預かって運用する会社だ。いまや、怪物運用会社が米国中心にゴロゴロしている。

世界最大の運用会社といわれる米ブラックロック社は800兆円を超す運用資金を預かっている。第2位のバンガード社が600兆円超も集めている。どちらも、日本のGDPを大きく上まわる運用資金を擁しているのだ。

怪物各社はものすごく巨額の資金を預かって運用しているわけだが、預かり資金の大半は金融マーケットに投入されている。これだけ巨額の資金を運用するとなると、おそらく各社は幅広く分散した投資ポートフォリオを構築していることだろう。

それでも、全体の資金をコントロールしつつ機動的に運用するのには、あまりに巨額すぎる。どうしても、預かっている運用資金を細分化し、多くの運用担当者にまかすことになろう。

問題はここからだ。800兆円とか600兆円もの資金を運用として、金融バブルが進行中のマーケットに投入しているのだ。いざバブルが崩壊したら、どのような対応ができるのだろうか？

　預かり資金が巨額すぎて、とうてい現金化はできない。まず間違いなく、各社とも身動きのとれないまま、巨額の運用損失を抱え込むことになろう。

　もし分散運用をしていて、各部門の担当者がそれぞれ勝手に売りを出したならば、お互いに我先の売りでマーケットを大きく崩してしまう。バブル崩壊をさらに悲惨なものにするだけのこと。

　結果、世界の運用会社はいずれも厳しい経営状況に追いやられよう。運用していた投資勘定のどれもが大きく値下がりしてしまった。また成績悪化を理由に、解約も殺到しよう。その現金づくりに、一層の売りを出さなければならない。

　一方、運用会社に資金を預けていた金融機関や機関投資家は、枕を並べて巨額の投資評価損を計上することになる。場合によっては、経営や運用の責任問題に発展することにもなろう。

　なにしろ、金融バブル崩壊で、それまでこの世の春を謳歌していた資産膨張分が一挙に蒸発してしまうのだ。後には、巨額の投資損や評価損の山が残る。運用していた方も、運用をまかせていた方も、きわめて厳しい状況に追いやられる。

運用会社の預かり資金は、金融バブルが膨れ上がれば膨れ上がるほど、巨大な火薬庫となっていくと考えておこう。巨額の投資損失や評価損は、金融機関や機関投資家を完膚なきまでに痛めつけることになる。

ＳＰＡＣとかも、ガタガタに

最近とみに話題を集めているのが、米国株式市場でＳＰＡＣ（特別買収目的会社）の上場数が右肩上がりで増加していることだ。これなど、どうみても金融バブルがなせる錬金術である。

企業買収のみを事業目的とした「空箱」がＳＰＡＣであり、それをまずは株式市場に上場させる。大きな資本金で設立されたものの、中身のない会社だ。証券取引所での上場審査基準は軽々とクリアできる。

その上で、どこか適当な未上場企業を買収することで、中身のある上場事業会社に仕立て上げていく。空箱があっという間に上場企業となってしまうのだ。

未上場企業からすると、株式市場への新規上場には厳しい審査チェックを経ねばならない。その準備には時間もかかるし、財務はじめ経営内容すべてにおいて上場基準を満たさなければならない。

それが、SPACによって買収されるならば、きわめて短期間でかつ比較的緩やかな条件でもって上場会社となることができる。短期間で上場会社となり、返す刀で多額の資金調達をして、一気に急成長を狙える。

さて、SPACに参画した投資家からすると、買収した新規上場事業会社を擁することで、株価は急騰する。なにしろ、このバブル下だ。一般投資家の株買い意欲はやたら強いものがある。

新規上場企業の登場ということで株価が急騰したところで売り上がっていけば、SPAC投資家たちは大儲けができる。それだけではない。買収した会社の公募増資などの機会にも、SPACに投じた資金は大きく回収できる。

そんなわけで、SPACは米国株式市場で急増している**【図表3】**。それをみて、シンガポール市場なども強い関心をもっているようだ。

図表3

中身のない会社がどんどん新規上場している

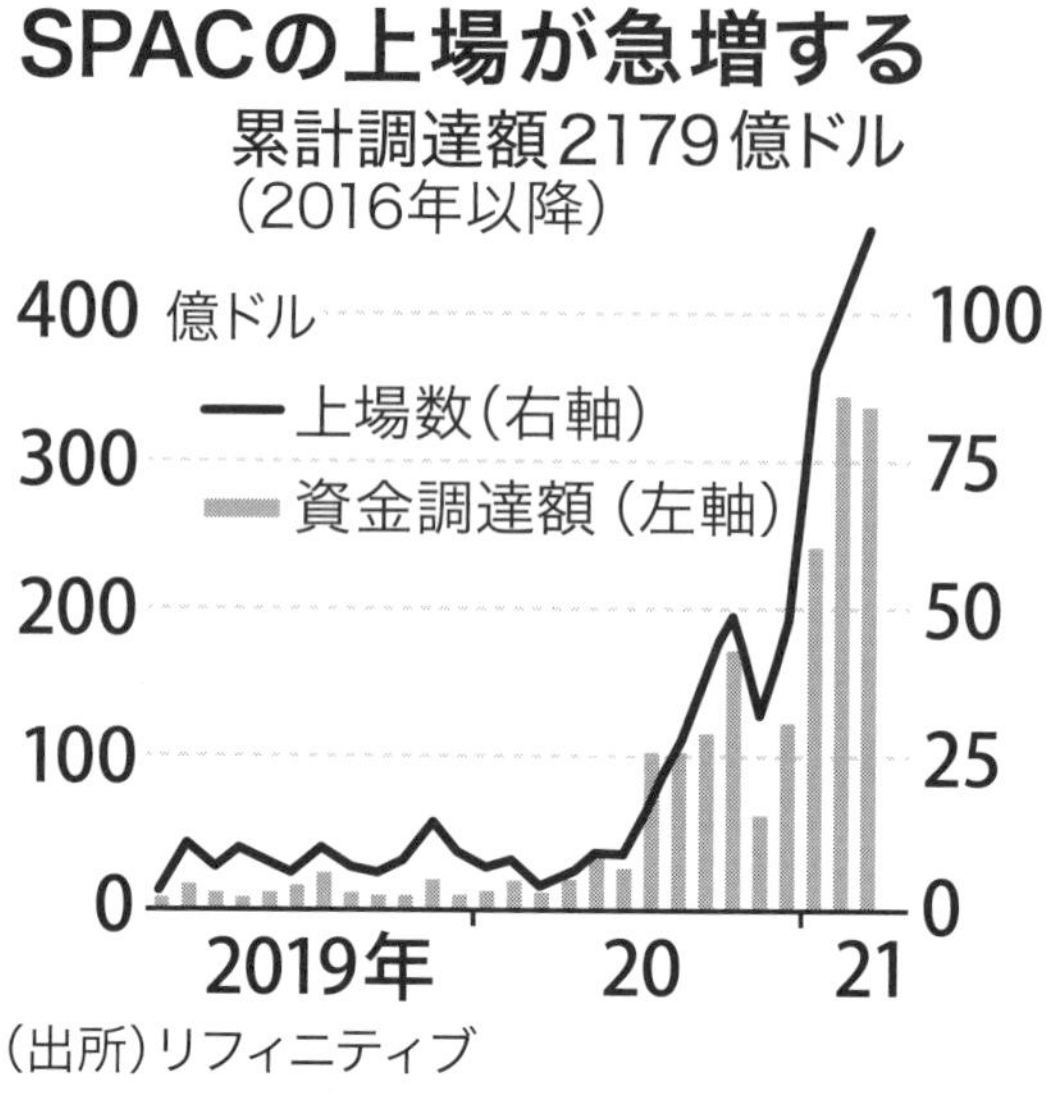

(日本経済新聞 2021年4月11日)

- 企業買収を事業目的として中身のない会社に、これだけ巨額の資金が集まる
- 未上場企業を買収することで「空箱」が立派な上場会社になり、株価の大幅上昇が期待できる
- どうみても、金融バブルがなせる錬金術である

これなんぞ、カネあまりバブル錬金術の最たるものだろう。先々の買収を目的とした「空箱」に皆で投資して、株式市場に上場させる。それから未上場企業と話をつけて買収したうえで、株価急騰や増資で大儲けできると計算してのこと。なんとも都合のいい話である。そんなＳＰＡＣに投資家の資金が集まるのも、買収企業を通じて資金調達をして大儲けしようとするのも、金融バブルあってこそのことだ。

まさに手品のような錬金術というしかない。そんな「空箱」話がまかり通って、そこへ２１７９億ドルもの投資家資金が集まっているのだ。どうにも理解できない。証券取引所にしても自殺行為である。こんな裏口上場がひん発すれば、上場企業に対する投資家の信頼は失われて、博打の賭場に成り下がっていくだけだ。

こんなムシのいいＳＰＡＣ話が、どんどん進むと一体どうなるのか？　企業買収の金額がつり上がっていくのは間違いないし、質の悪い企業の裏口上場も増える。結局は、一般投資家に大きなしわ寄せが及ぶことになる。

それだけではない。どこかで現在進行中の金融バブルがはじけ飛んだら「空箱」のスキーム自体が吹き飛んでしまう。そんなものを上場させている取引所も、見識を問われよう。

CLOやら非上場ファンドやら、どうなることか？

金融バブルの膨れ上がりとともに、隠れた金融取引が急増している。見えないだけに不気味な存在である。それらから、バブル崩壊時には天文学的な損失が突如として表面化する恐れは多分にある。

隠れた金融取引といっても、どれもこれも金融取引の一環である。たとえば、デリバティブ（金融派生商品）をつかったスワップ取引などは金融機関の間での決め事で、まともな取引の一環である。

ただ、それは相手との直接の取引であるので、マーケットとかは通さない。だから見えない。

そういった見えない金融取引が複雑に絡み合って、世界の金融は動いている。むしろ、こちらの方が世界の金融の主役でもある。

図表4

低流動性資産、買うのはいいが

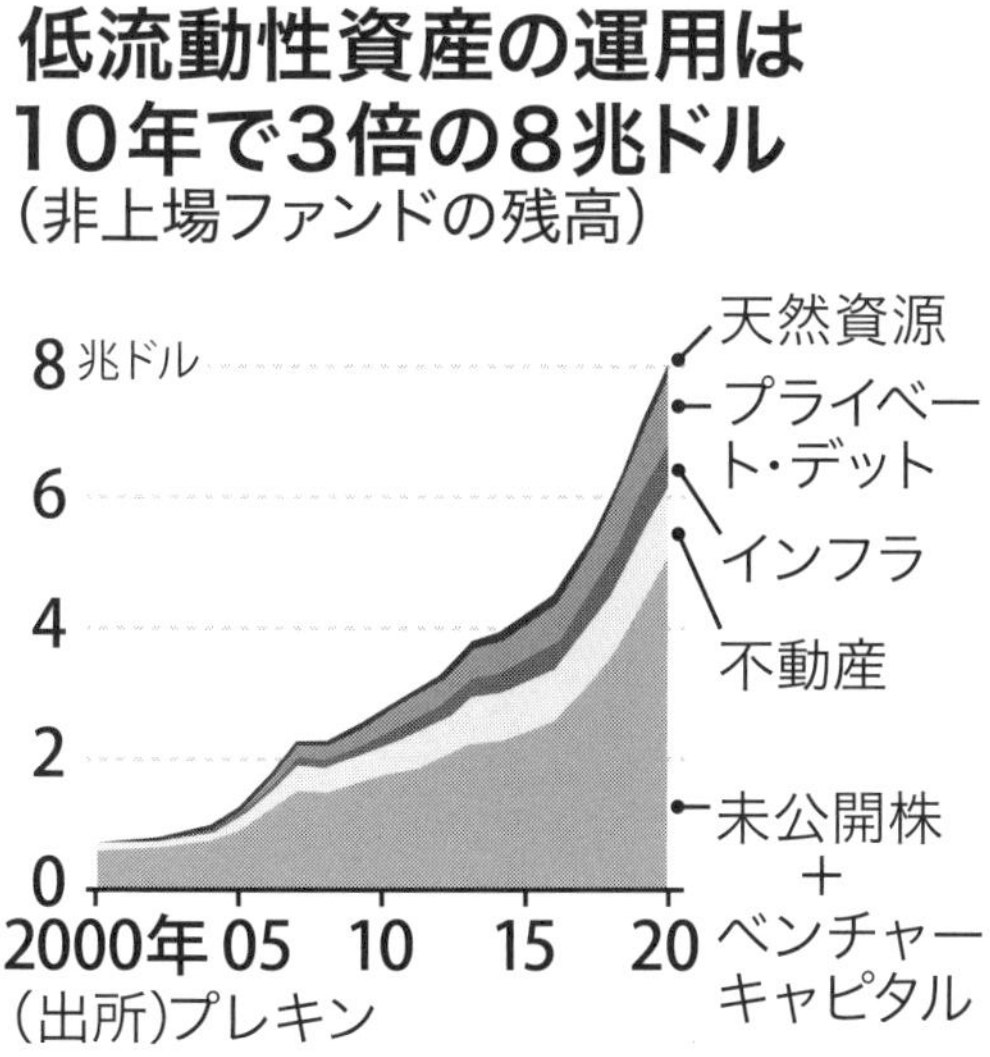

(日本経済新聞 2021年4月11日)

- まさに「往きはよいよい、帰りは怖い」の典型例
- 世界的なカネあまりで資金はどんどん集まっているが、その運用先にはみえない金融取引がかなり入っている
- 金融バブルが崩壊し、逆回転がはじまったら……?

そんな中、たとえば複数の低格付け企業へのローン債権を束ねたローン担保証券（ＣＬＯ）なども、ひとつ間違えたら金融バブル崩壊の引き金になりかねない。文字通り、低格付け企業が対象の債権だから、どこで火を吹くか知れたものではない。

日本経済新聞によると、ＣＬＯの発行残高は２０２０年に６６２３億ドルとなり、５年で５割も増えたとのこと（２０２１年４月11日）。これもまた、世界的なカネあまりの、しからしめるところである。

また、同日の同紙には非上場ファンドの急増ぶりも図示してくれている**【図表４】**。いまや、約５兆９０００億ドルの資産規模を誇るファミリーオフィス（個人資産の運用会社）などが、その背後に控えている。

ファミリーオフィスは規制が緩やかなので、運用資金は急膨張している。その運用先では、元金の５倍とかのレバレッジをかけたりとか、見えない金融取引が横行している。最近問題となったアルケゴスなどは、その一角である。

あるいは、暗号資産への資金流入も活発で、その時価総額は２０２１年４月に２兆ドルを超えたとのこと。株式の時価総額で世界一のアップルに迫る勢いとなっている。

これらもやはり、金融バブルの一環としてとらえていいだろう。世界的なカネあまりによる金融資産全般の膨れ上がりが、相乗効果をもたらしてこれだけの天文学的な数字となっているわけだ。

金融バブル崩壊とは、その逆回転である。すさまじい富の消滅と減価が、一気に表面化しよう。後には、天文学的な数字の損失勘定だけが残される。

これらの、どれもこれも巨大に膨れ上がった火薬庫である。それらへの警戒は怠れまい。それが、本書の執筆を急いだ最大の理由である。

第3章

機関投資家は、バブルを最後まで踊り続けるが…

この金融バブルの陰の主役

　現在進行中の金融バブルだが、もともとは世界的なカネあまりが金融マーケットに突出してきたものである。その世界的なカネあまりを受けて、主役プレーヤーとしてバブルを踊っているのが、世界の金融機関や機関投資家である。

　いわば、金融バブルの主役プレーヤーであり、ＣＥＯ（最高経営責任者）みたいな存在である。

　銀行など金融機関も機関投資家も、大きな資金を抱えて運用する立場にある。まして前代未聞の金融緩和とゼロ金利政策下にあって、資金はあふれ返っている。あふれ返っている資金を運用するとなれば、そのほとんどは金融マーケットに向けられる。これだけの世界的カネあまりだ。金融マーケットのあちこちでバブル化しても、それに乗らざるを得ない。

そうなのだ、金融機関や機関投資家はごく自然と金融バブルの陰の主役ということになってしまう。バブルの主役というと聞こえは悪いが、巨大な参加者であるが故に、そうみなされるのは仕方ないこと。

問題は、金融機関も機関投資家も、金融バブルの進行にブレーキをかけられないことだ。主役でありＣＥＯでありながらも、単なる踊り続ける人形でしかない。大きな資金を運用するという立場上、その資金を彼らは金融マーケットのどこかに振り向けなければならない。それが結果として、金融バブルと最後まで付き合うことになる。

ここまでは、簡単に理解できよう。彼らも預かった資金を運用する立場上、金融マーケットに居続けなければならない。それは、職業上どうにもならないことだと、むしろ同情もできる。

しかし、その延長線上には、とんでもない結末が待ち構えているのだ。どういうことか？

巨額の資金を抱えて、バブルを最後まで踊り続ける。その果てに、バブル崩壊では彼らが運用している資産が巨大な火薬庫の役割を果たすのだ。

大損を抱え、しかも巨額運用資金の売り逃げで、さらにマーケットを崩してしまう。おそろしく巨大な火薬庫だ。

もともと、機関投資家は年金など一般生活者の虎の子資産を預かり運用する職業であって、その責任は重い。ところが、どこまで責任を果たしているのかは、大いに疑問である。

そう大した成績を出せない、悲しき運用のプロ

機関投資家は運用のプロということになっている。だが、彼らはそう大した運用成績を出せない。いってみれば、気の毒な立場にある運用のプロなのだ。

もちろん、投資の理論や知識、そして高度な運用テクニックにおいては、彼らは抜群の存在である。また、資本力や組織力をフル活用することで、彼らはいくらでも高度な投資運用ノウハウを積み上げることができる。

たとえば、この数年で急速に存在感を高めているHFT（超高速取引）がある。株式の売買を1秒間に千回とか2千回も繰り返して、ほんのちょっとの値ザヤでも、高速で積み重ねることで、そこそこの売買益を稼ごうとする運用手法である。

1秒間に千回とか数千回の売買を重ねるなんて、コンピューターの高度利用なかりせば不可能な話。人間の手作業では絶対に追いつかない売買スピードである。そういった売買システムを構築できるのも、それなりの資本力あってこそである。

そんなすご腕のはずの機関投資家だが、こと運用成績はどうかとなると、それほどでもないのだ。これは日本だけの話ではない。世界中の機関投資家も似たりよったりの状況にある。

投資運用の理論や運用テクニックにおいては、横に並ぶものがいない。プロ中のプロであるはず。なのに、彼ら機関投資家の運用成績はそう大したことない。

それは、一体どうしてか？　いくつかの理由がある。それらを以下に並べてみよう。どれも運用者たち個人の能力の欠如とかよりも、機関投資家というビジネスが抱える構造問題である。

バブルだろうとなんだろうと、上昇相場を追い続けるのが仕事

そう大した運用成績も出せない理由の第1は、機関投資家は上昇相場を最後の最後まで踊り続けなければいけないことだ。その定めが彼らの運用成績を、中途半端なものにしてしまう。

どういうことか？　運用のプロといわれる機関投資家だが、プロらしい運用に徹することができないのだ。

彼らは上昇相場を最後の最後まで追いかけまわすことが求められる。というか、上昇相場をずっと追い続けざるを得ない立場にある。

もちろん、運用者としての判断で、上昇相場の途中で利益確定の売りに入ることは、いくらでもできる。しかし、その売りは上昇相場の残りの部分を捨てることを意味する。それは、大きなリスクを冒すことになる。

もし、売った直後に上昇相場が天井を打って下降に転じてくれたら、それは最高の投資判断だったと称えられよう。しかし、上昇相場を天井の直前で売るなんて、神業に頼るようなもの。

まして、機関投資家は大きな資金を運用しているのだ。そう簡単に大きな金額の売りを執行できるものではない。個人投資家のように、パッパと売るなんてとうていできない。

逆に、売った後でもまだ上昇相場が続いたりすれば、もう天を仰ぐしかない。得べかりし運用成績を捨てたことになり、当然のことながら投資判断の甘さを追及される。場合によっては、投資運用能力の欠如という烙印をも押されかねない。

そんな愚は絶対に避けたい。かくして、機関投資家の運用担当者は上昇相場を最後の最後まで追い続けることになる。その挙げ句に、そこまでの上昇相場が天井を打って下落に転じるや、懸命に積み上げた運用成績のかなりを失うことになる。

これが、機関投資家の運用成績が大したことのない理由の第1である。運用担当者からすると、この不自由さにはイライラするばかりだろうが、彼らも人の子で、上昇相場を中途で降りるリスクは取りたがらない。

＊　＊　＊

投資運用で大事なのは、「安く買って、高く売る」リズムを守ることである。リズムを守るには、相場をあまり深追いせずに、いつもマイペースの投資判断で、早め早めの行動をすることが欠かせない。

相場なんて、幾度でも上下変動を繰り返すもの。だから、上昇相場をギリギリまで引っ張ることなく早めに降りて、次の上昇相場に乗る準備をするのが投資運用の肝となる。

すなわち。投資では、適当なタイミングで「安く買って、高く売る」ことが求められる。それもリズム良くだ。それでもって、運用成績を着実に積み上げていくのが、プロの仕事のはず。

ところが、多くの機関投資家は上昇相場を最後の最後まで追いかけては、下落相場でそれまでの運用成績を吐きだすお粗末を延々と繰り返している。そんな愚行を重ねていては、まったくもって投資運用にならない。最悪もいいところ。

上昇相場を途中下車できない宿命

どうして、そんな中途半端な運用を機関投資家はやってしまうのか？　どこかで思い切ってリスクを取って、上昇相場をさっさと途中下車して、利益確定の売りを出せばいいのに？

さすれば、下落相場にまで付き合って、せっかくの成績を吐きだすなんて下手を、しなくて済むのでは？　もったいないじゃない？

残念ながら、それが機関投資家にはできないのだ。機関投資家は年金などの投資家顧客から常に運用成績を厳しく追求される。毎年の運用成績はもちろんのこと、日々の運用においても競争他社との成績差を常時チェックされている。

成績評価が悪ければ厳しい叱責を受ける。それだけではない。場合によっては、預かり資金の引き揚げだってあり得る。

投資家顧客から運用資金を引き揚げられたら、飯の食い上げもいいところ。それは、なんとしても回避したい。いかに機関投資家は運用のプロだといったところで、投資家顧客あってのビジネスなんだから。

となると、上昇相場を途中下車して利益確定の売りに入るなんてリスクは、絶対に取れない?

無理だね。独自の判断で売った後、なおも上昇相場が続くと運用成績で競争相手との差が広がってしまう。それで悪い評価を受けるのは、なんとしても避けたい。そうなのだ、独自の投資判断で、さっさと行動するなど無用もいいところ。とにかく、上昇相場は最後の最後まで追いかけていくしかない。

その挙げ句、最後は暴落相場にまで付き合ってしまう。それが機関投資家の運用につきまとう宿命である。

なんとも、おかしな話である。まともな機関投資家の運用者なら、自分なりの投資判断で、より良い成績を投資家顧客に届けたいと願うはず。なのに、それができないのだ。

心ある運用者にとっては、なんともフラストレーションの高まる職場環境である。

もし、なんのフラストレーションも感じないというのなら、運用のプロというより前に、人間としてどうかと思う。

＊　＊　＊

ともあれ、こういった投資家顧客からの厳しい運用状況チェックは、善意ある運用ならびにその管理者が怠ってはならない義務とされている。それが、機関投資家の運用において、そう大した成績を残せない構造問題の第2の理由である。

余談ながら、さわかみ投信が年金運用などのビジネスを一切受けないのも、まさにこの理由からである。年金サイドから毎年の成績や、他社との成績比較とやらでグチャグチャいわれたら、まともな長期投資などやっていられない。

成績だって積み上げられない。ということは、コツコツとまじめに虎の子を積み立てている一般生活者たちに対して、なんとも申し訳ない。

そんな不誠実な運用をするわけにはいかない。

下がったら、不可抗力だったと言い逃れるだけ

機関投資家の運用では、どうしても上昇相場を最後まで追い続けざるを得ない。競争相手との成績比較もあって、自分の判断で上昇相場を途中下車するリスクは取れない。

そういった運用の縛りみたいなものが、運用者たちをして暴落相場の地獄にまで付き合わせてしまう。

上昇相場が続いている間に売り上がっていっていたならば、暴落相場に遭遇して顧客資産を毀損させることもなかった。心ある運用者なら、そういって悔やむだろうし、機関投資家としての限界にウンザリするに違いない。

これは個々の機関投資家がどうのこうのというよりは、機関投資家運用そのものに突きつけられている根本問題である。さらにいえば、世界の投資運用ビジネスが、

一刻も早く猛反省すべき課題である。

なにが、一体どこが問題なのか？　機関投資家の運用においては、常に運用の状況から成績まで、厳しくチェックされる。年金など一般生活者の大事な資産を預かり運用する以上は、それは当然のこと。そういわれたら、二の句もない。

それが、顧客資産を預かる運用者の「善管注意義務」となっている。善意ある顧客資産の運用者ならびに管理をする者が果たすべき義務を、しっかり果たしているかどうか厳しくチェックされるわけだ。

そういった、善管注意義務や年金顧客からのチェックに縛られて、機関投資家全般にいえることだが、伸びやかな運用ができなくなっている。

そのあたりがひとつの原因となって、大した成績を残せないとなれば、このあたり根本から考え直す必要がある。

先に書いたように、投資運用においては「安い時に買い仕込んでおいて、高くなるのを待って売る」のリズムが肝となる。そのリズムを運用者なりに守らないと、利益確定もできないし、安くなって再び買うための現金の準備もできない。

それなのに、自分の判断で売ることもできず、上昇相場を最後の最後まで追いかけてしまう。その挙げ句、相場は天井を打って相場下落のガラを食らうといった、ドヘタをやらかすわけだ。そんなのでは、運用のプロとはとうていいえない。

さらにいけないのは、大きな下落相場は不可抗力だったという、立派な言い逃れができることだ。

上昇相場を自分の判断で途中下車したりすると、年金などの投資家顧客への説明が大変である。「なぜ、そんなにも早く売るのだ。競争相手はまだ続いている上昇相場で成績を伸ばしているではないか」と叱責を受けたりもする。自分の読みが当たるか外れるかのリスクを取らなければならない。

その点、上昇相場をずっと追いかけていって暴落相場などで株価全般が大きく下落したりすると、どの運用者も成績悪化に直面する。といっても、皆が横並びの成績悪化だから、ある意味では安心していられる。

そんな時は、「なんとかショックで株式市場全般が暴落し、それは避けようがなかった」といえばいい。それで年金などの投資家顧客は「それは仕方なかったな」と納得してくれる。

成績が急悪化しても、「仕方なかった」で済まされる。これでは、大した運用成績も残せまい。というよりも、無責任にすぎる。
それが、機関投資家運用の構造問題の第3の理由である。

運用ビジネスが、マーケティングのビジネスに変容してしまった

世界の投資ビジネスを、すこし振り返ってみよう。1970年代までは、機関投資家の運用といえば、すべて長期投資だった。その横で、短期の資金運用を担当するディーリングがあった。

投資運用なんて、安い時に買い仕込んでおいて、高くなるのを待って利益確定の売りを出すだけのこと。といっても、いつ高くなるかは相場動向次第である。だから、時間軸は限定しないで、長期で構える。それが投資運用というものである。

そう、投資とは長めの時間軸で構えるのが当たり前のことである。間違えても、「毎年毎年きちんと成績を出しましょう」なんてのはない。相場動向が、そうきっちり

と展開されるはずもないのだから。

ところが、世界の投資運用業界に、大きな波が押し寄せてきた。70年代も終わり頃から年金資金がどんどん積み上がりはじめたのだ。そして、80年代に入るや世界最大の運用マネーの出現ということで、運用業界は色めき立った。

どういうことか？　国民年金の制度は、60年代後半から先進国を中心にして整備されていった。それが70年代も終わり頃になると、各国で年金の積み立てが本格化し、年金資産が急速に巨大化しだした。

それをみて、各国の運用会社は年金資産の運用というビジネスにありつこうと、マーケティングに力を入れていった。なにしろ、世界最大の運用マネーに躍り出た年金資金だ。それも今後ますます積み立てが進むのは誰にでも予測できる。

こんなすばらしいビジネス拡大チャンスを逃すことはない。そういった展開で、80年代に入るや、世界の投資運用ビジネスでは年金マネー獲得のマーケティング競争が一気に激化していった。

つれて、世界の運用業界はそれまでの「運用ビジネス」から、「マーケティングのビジネス」へと急速に変容していった。そして、組織部門としての大きさでも、給与やボーナスの水準でも、マーケティング部門が一気に運用部門を凌駕していったのだ。

そこで当然のように出てきたのが、「10年とかの時間軸で成績評価していては、とてもマーケティングにならない」という考え方である。運用会社からすると、もっと短期間での成績評価でないと、マーケティング競争しようがない。

ということで、あっという間に5年、いや3年では長すぎる。それよりも、毎年の成績で評価しようとなっていった。そういった流れで、年金運用における毎年の成績評価が定着していったわけだ。

この一連の流れが、世界の運用業界を狂わせてしまった。

狂わせてしまった？　そう、運用のビジネスだったものが、マーケティングのビジネスに変容した。そして、どの運用会社も毎年の成績評価で、引きずりまわされるようになった。どちらも、昔は考えられなかったこと。

マーケティング部門が年金資金をどんどん集めてくるわ、その資金は毎年の成績評価にさらされるわで、まともな投資運用ができなくなっていった。これでは、さして成績も出るはずがない。

これが機関投資家運用の構造問題の第4の理由である。

インデックス運用に逃げた？

機関投資家の運用がインデックス運用に逃げたと書いたりした日には、各方面から文句が殺到するだろう。それらにいちいち対応するのもめんどう。なので、これは筆者の勝手なる見解と、はじめから断っておこう。

とはいえ、この50年間、筆者は世界の運用現場で機関投資家運用の変容というか狂いぶりを、ずっと苦々しく観察してきた。その上での見解である。あながち、独断にすぎるともいえまい。

ゆっくりとみていこう。

年金という、世界の運用会社にとっては最大のスポンサーの資金プールが、どんどん膨れ上がっていった。それにつれて、業界では運用がなかなか追いつかないという問題を抱え込むようになってきた。

片や、マーケティング部門は競うようにして年金資金を次々と集めてくる。さらには、マーケティング活動に欠かせないからと、毎年しかるべき運用成績を上げろと迫ってくる。

債券運用ならまだしも、年金運用の中核をなす株式投資運用ともなると、これはきつい要求である。

どんどん膨れ上がっていく運用資金に応じて、より拡大した株式ポートフォリオを構築し続けなければならない。

それだけの運用能力を高めるのに、果たしてファンドマネジャーの養成が追いつくのかどうか。さらには、広範囲の企業リサーチを担当すべく、運用調査部門の拡充は急を要する。

これらのどれもが、運用会社の経営にとっては、相当に重いコスト圧迫要因となってきた。

そういった要因が、世界の運用業界を一変させることになった。1970年代半ば頃までは常識であった長期の株式投資運用が、あっという間に過去の遺物みたいな位置づけとなっていったのだ。

急激な運用資産の膨張に対し、それまでのような牧歌的な長期の株式投資など、とてもやってはいられないということになっていったのだ。かつて名門といわれた投資運用ブティック会社が、次々と大手金融機関に買収されていったのが、その象徴である。

そういった折も折、1980年代にインデックス運用への認識が急速に高まってきた。

インデックス運用、つまり平均株価に沿った機械（コンピューター）運用なら、個々の企業リサーチも不要である。運用資金がどれだけ大きくなっても対応できる。

なによりも、インデックスつまり平均株価についていくだけだから、投資判断に悩むこともない。コンピューターにプログラミングして売買させるだけなので、運用コストも安上がりで済む。

かくして、世界の運用業界はインデックス運用へと雪崩れ込んでいった。

運用は高度化したが、能力は下がった

筆者の独断を、もうすこし続けよう。1990年代に、世界の機関投資家の運用がインデックス対応型へと大きく傾斜していった。これは年金という、どんどん巨大化していく資金を運用するにあたって避けられなかった現象ともいえる。

年金という巨額資金を運用するにあたって、それまでのアクティブ運用ではとうてい間に合わなくなった。どんどん膨れ上がっていく年金マネーの運用に見合うだけの企業リサーチを進めるには、大変なマンパワーが必要となる。コストも嵩む。

その横で、年金サイドは大きなビジネスを与える代わりに、運用報酬の引き下げをこれでもかこれでもかと迫ってくる。となると、運用会社は運用やリサーチにかかるコストを引き下げざるを得ない。

さらには、巨額資金であるが故に、運用にあたっての売買執行の効率化も問題となってきた。早い話、運用金額が大きすぎて、個別株を思うようには買えないし、思うように売れない。

その点、インデックス運用なら個別の企業リサーチは不要だし、売買執行でもインデックスを売買するだけだからそう大きな支障はない。また、上昇相場を途中下車できないといった運用上のフラストレーションも発生しない。

まさに、機関投資家にとっても良いことずくめである。かくして、年金を中心にした機関投資家の株式運用においては、あっという間にインデックス運用が主体となっていった。

同時に個別株を売買する運用とは違って、インデックス運用はコンピューターにやらせる作業だから、いくらでも高度化できる。投資の新しい理論などを織り込むのも容易である。最先端の投資運用とか、マーケティングトーク上も申し分ない。

反面、こと株式投資に関してだが、機関投資家の運用能力はどんどん落ちていっている。それは、個別企業のリサーチ力の低下だけではなく、株式運用全般において指摘できる問題である。

そもそもからして、個別企業を厳選して投資するアクティブ運用が、長期の株式投資の基本である。

一方、インデックス運用は平均株価、つまりすべての企業をひとまとめにして運用する。となれば、玉石混交の企業でもお構いなしで、投資対象としてしまうだけに、インデックス運用は弱い。

考えるまでもなく、玉だけを選んで投資するアクティブ運用の方が、成績は上であって当然のこと。

ところが世界の運用業界では、いつの間にか「アクティブ運用の成績はインデックス運用に勝てない」が通説となってしまった。それを受けて、機関投資家の間では、インデックス運用へのシフトを妥当化させているわけだ。

筆者にいわせれば、インデックス運用がまともなアクティブ運用に勝つのは、企業リサーチを含めた運用コストだけのこと。もちろん、投資家顧客には、コスト分を上まわる成績を堪能してもらう。それがアクティブ運用者の矜持である。

笑ってしまうのは、学者先生たちが、インデックス運用とアクティブ運用の成績を統計的に比較して、それを研究成果として発表していることだ。それが大間違いの元である。

大体からして、アクティブ運用ファンドの成績をみるに、個々のファンドによって、それこそ天と地の開きがある。それが統計データともなると、全部のファンドをひっくるめた成績となる。

下手な運用しかできないアクティブ運用ファンドなども、潰れて統計データから外れる寸前までは集計の対象となっている。

まさに、同じアクティブ運用でも玉石混交の成績を集めた平均値だ。これではインデックス運用に勝てないといわれても、たしかにそうですねと同意するしかない。

しかし、われわれ筋金入りの長期投資家からすると、こちらは玉と思える企業のみを厳選して投資運用している。したがって、ある程度の長期でみると、玉石混交のインデックス運用などに負けるはずがない。

現に、ウチのさわかみファンドは設定して21年と8か月になるが、インデックスを下まわっていたのは、まだポートフォリオを構築中だった最初の7か月間だけだ。その後はずっと平均株価の上を行く成績を出し続けている。

さわかみファンドは高々、3500億円の運用をしているだけではないか？　巨額の資金運用する年金とは、そもそも規模が違う？

成績を追いかけるから、成績が出ない

問題の本質は、そこではない。

もともと長期の投資運用では、成績を出そうなんて気張ることはしない。成績など、きちんと長期投資をしておけば、後からついてくるものだ。投資とは、そういった考え方をするのが基本である。

詳しくは、本書の第9章で説明するが、要は「安い時に買い仕込んでおいて、高くなるのを待って売って利益確定する」だけのこと。決して成績を追いかけない、それでも成績は積み上がってくる。

長期的にみて、ゆっくりでも利益成長していってくれる企業を選んで、安い時に買い仕込んでおいて、高くなって売れば、成績など後からついてくる。大事なのは、しっかりした企業リサーチと長期で構えること、それだけだ。

ところが、世界の運用業界は年金資金の台頭もあって、「運用のビジネスから、マーケティングのビジネス」へと変容していった。マーケティングで年金資金を獲得するには、毎年の成績を誇示しなければならない。

かくして、世界の運用ビジネスは年金などの投資家顧客からはもちろんのこと、自社のマーケティング部門からも、毎年の成績で追いかけまわされ通しとなる。それが、運用ビジネスにおいて宿命みたいなものになっていった。

それでも、運用資金はどんどん巨大化していっている。ダーウィンの進化論ではないが、強いものが生き残るわけではない。環境の変化に最もうまく適応できたものが生き残っていく。

その点、世界の機関投資家は年金などの運用資金の巨大化と、毎年の成績追いかけやコスト削減要求に、よく対応していった。運用は下手になったが、会社としての規模はずいぶんと大きくなった。

うまく対応できた機関投資家でいうならば、個別企業をリサーチして、ていねいに運用していくアクティブ型から、まずはおさらばした。

返す刀で、インデックス運用へのシフト。次にインデックス先物を活用した運用へと重心を移していった。生き残るためには、それが正解だった。

それは、投資運用から資金運用へのシフトを意味する。投資運用とは、Investment Managementといって、将来をつくっていくためにお金に働いてもらうことである。文字通り投資である。

一方、資金運用はMoney Managementのことで、いかに売買益を稼ぐかが問われる。将来の社会とか経済のことなどは横において、とにもかくにも売買益を狙うわけだ。

そういった資金運用が、いまや世界の機関投資家運用では主流となってしまった。それでないと、年金など巨大資金の運用にはとうてい間に合わないという理由付けでもって。

年金運用は、毎年の成績を追いかけることか？

ここに、大きな矛盾が生じてくる。年金など巨大資金を運用するためにはと、インデックス運用へ、そしてインデックス先物の売買へとシフトしていった。その過程で、ディーリング（値ザヤ取り売買）が主体となってしまった。

ディーリング運用の世界では、値ザヤ稼ぎに明け暮れる。売買益という数字を、それこそ無機質に追いかけるだけで、経済や社会にどれだけ富を生みだすかなどは、まったく考えない。ここが投資運用との根本的な違いである。

たしかに、年金の運用は人々の老後生活に資するためのものである。ただ、その運用が無機質な値ザヤ稼ぎに終始して、社会への富を生みだすことには一顧だにしない。果たして、それで良いものか？

世界の投資運用業界は、年金という巨大なビジネスにありつくことと引き換えに、投資運用という本来の社会的任務を捨て去ってしまった。

年金運用がかつてのように長期投資主体であれば、人々の大切な年金資金をより良い社会をつくっていく方向で、たっぷりと働いてもらっていたはず。それでもって、成績を積み上げるのが本筋である。

しかるに、昨今の資金運用主体は無機質な数字追いかけにすぎない。それでいて、なんとも皮肉なことに、現在進行中の金融バブルとはきわめて相性がいい。

資金運用でディーリング益として積み上げている成績も、来る金融バブル崩壊では木っ端みじんに吹き飛んでしまうことになるのだろう。それどころか、年金資産そのものまで大きく傷つけることにも。

未曾有の大暴落

II

第4章

バブル崩壊の地獄絵

飽くなき欲望の膨れ上がりと、運用しなければという業

人間の欲望は、いつもブレーキがかからぬまま突っ走るもののようだ。これまでも人々は幾度となく、行きつくところまで行ってしまって、その挙げ句に株価大暴落やバブル崩壊の痛手を経験してきた。

バブル崩壊で大やられし、破産したり没落した個人投資家たちを、いやというほどみてきたはず。また、バブルに踊った企業や金融機関などの救済に、巨額の税金を投入して大きな社会問題になったりもしてきた。

それでも性懲りもなく、人間は新たなるバブルにのめり込んでいく。歴史の教訓、なかんずくバブル崩壊の痛手にさんざん苦しんだのにだ。それを、きれいさっぱりと忘れ去って、またまた欲望の膨れ上がるままに突っ走ってしまう。

さらには、いつのバブルでも最後の最後まで欲望を膨れ上がらせてしまう。過去

の教訓から学んで、早めにバブルから降りて利益を確定しておこうなんて考えや行動は、まるでみられない。

われわれ長期投資家からすれば、いつの上昇相場でも、ある程度の段階からは上昇相場をどんどん売り上がっていって、とにかく暴落を食らわないようにする。普通に考えても、そんなこと当たり前の話である。

ところが、バブルに踊り狂っている人たちは、それができない。果てしなく欲望を膨らませてしまうのだ。

一方、金融機関や機関投資家たちは、顧客から預かっている資金を運用しなければならない立場にある。

運用するとなれば、資金の大半は金融マーケットに振り向けるしかない。つまり、バブルだろうとなんだろうと、彼らは預かった巨額資金をずっと金融マーケットで運用し続けることになる。

かくして、人間がもつ懲りることのない欲望と、顧客資金を運用しなければならない立場の人たちとが、バブルを最後の最後まで踊り続けることになる。どちらも、ブレーキがかからずにだ。

まさに、業というしかない。

未曾有の資産デフレに

人々の欲望でもってバブルが膨れ上がっていく展開は、いつでも同じようなもの。それに対して、今回のバブルは前代未聞の規模とスピードとで資金が大量に供給され続けての、異常なるバブルである。

それも、第1章で書いたように、米FRBをはじめ先進各国の中央銀行が胴元となって、バブルを助長してのこと。だから、「金融バブル」ということになる。

人々の欲望に中央銀行が油を注ぐ形の、とんでもなく巨大なバブルが、現在進行中なのだ。この金融バブル、果たしていつまで、どこまで膨れ上がるのかは、神のみぞ知るのところ。

はっきりしていることは、いまだかつて例がないほどに巨大化したバブルだ。それが崩れた時の暴落のひどさは、それこそ想像を絶する。

この金融バブルは規模が規模なだけに、ひとたび崩れに入るや、売り逃げや投げ売りが殺到して、マーケットは収拾のつかない大混乱となる。それこそ地獄絵をみるが如くだろう。

こんな感じだ。これまで買って買いまくってきた投資家たちが一斉に売りを出す。それに対し、今回のバブル高では世界的なカネあまりに安心しきって、どのプレーヤーも買うばかり。誰も、自分の投資判断や利益確定で、売ってこなかった。だから、下げを待ってましたというような買いは、まったく入ってこない展開となっていく。

すなわち、皆が買いまくるだけで、誰も売ってこなかった。それが故に、買い一方だった投資家たちが、マーケットが下げに転じるや皆が一斉の売りに走る。もう、その先は地獄である。

マーケットは売り一色となり、債券や株価などの価格はみるみる下がっていく。その寸前までは、「バブル膨れ」で有頂天になっていたプレーヤーたちだが、彼らの資産勘定が蒸発してしまったかのように消えていく。

この「資産蒸発」現象は、すべてのバブル参加者に伝播する。それも、あっという間にだ。

昨日までは、どんどん膨れ上がっているのをみてゴキゲンだった資産勘定の大半が、バブルに踊っていた人たちの手から消え去る。株価などの価格の急落によって、皆がみな巨額の投資損失を被る。

そういった、バブルに踊った人たちの資産が蒸発した状態を、資産デフレという。個々のプレーヤーのみならず、国中で資産蒸発した部分を合算したものも、やはり資産デフレである。

今回は各国の中央銀行が胴元となってきただけに、バブルの膨れ上がりも壮大だった。それが故に、投資家全体で生じる資産勘定の目減り分、つまり資産デフレが未曾有の金額となるのは避けられまい。

大きな社会問題にまで発展しよう。

バブルに踊り狂った企業が、世界中で連鎖倒産する

いつのバブル崩壊も「往きはよいよいだったのに、帰りは怖い」ということになる。「帰りが怖い」とは？　とんでもない投資損失と評価損が発生するわ、巨額の債務がまるまる残るわで、その後始末に多くの企業や金融機関が苦しむことだ。

個人投資家の場合は、バブルで膨れ上がっていると喜んでいた資産勘定が、きれいさっぱりと吹き飛ぶ。場合によっては、それだけでは済まされず、もともとあった財産をも失うという事態にまで追い込まれる。

といっても、個人投資家の「バブルからの帰り」は、そこでおしまいだ。せいぜい、「バブルが崩壊する前に売っておけば良かった」という、大いなる悔やみとともにだが。

一方、企業や金融機関そして機関投資家にとってのバブル崩壊後は、文字通りの

地獄である。この第4章では、そのあたりに焦点をあててみてみよう。

＊　＊　＊

まず、個人投資家であれば自分が大損したで終わりにできる。それに対し、企業や金融機関の間では、バブル損の経理処理をする必要がある。それがバブル崩壊後には大変な作業となる。

そのあたりは、**図表5**と**図表6**をみてもらいながら説明しよう。その方が、わかりやすいだろう。バブルに踊っている間は、どんどん膨れ上がっている資産勘定に、ゴキゲンそのものであった。

ところが、バブルが崩壊するや、図表6の状態に叩き落される。膨れ上がっていたはずの資産勘定が、ほとんど瞬時に蒸発してしまった。それどころか、巨額の投資損失までもが発生した。

この投資損失が、バブルに踊った企業や金融機関に塗炭の苦しみを味わわせることになる。それが、巨額の評価損であり返済負担である。

図表5

バブルに踊った後始末（その1）

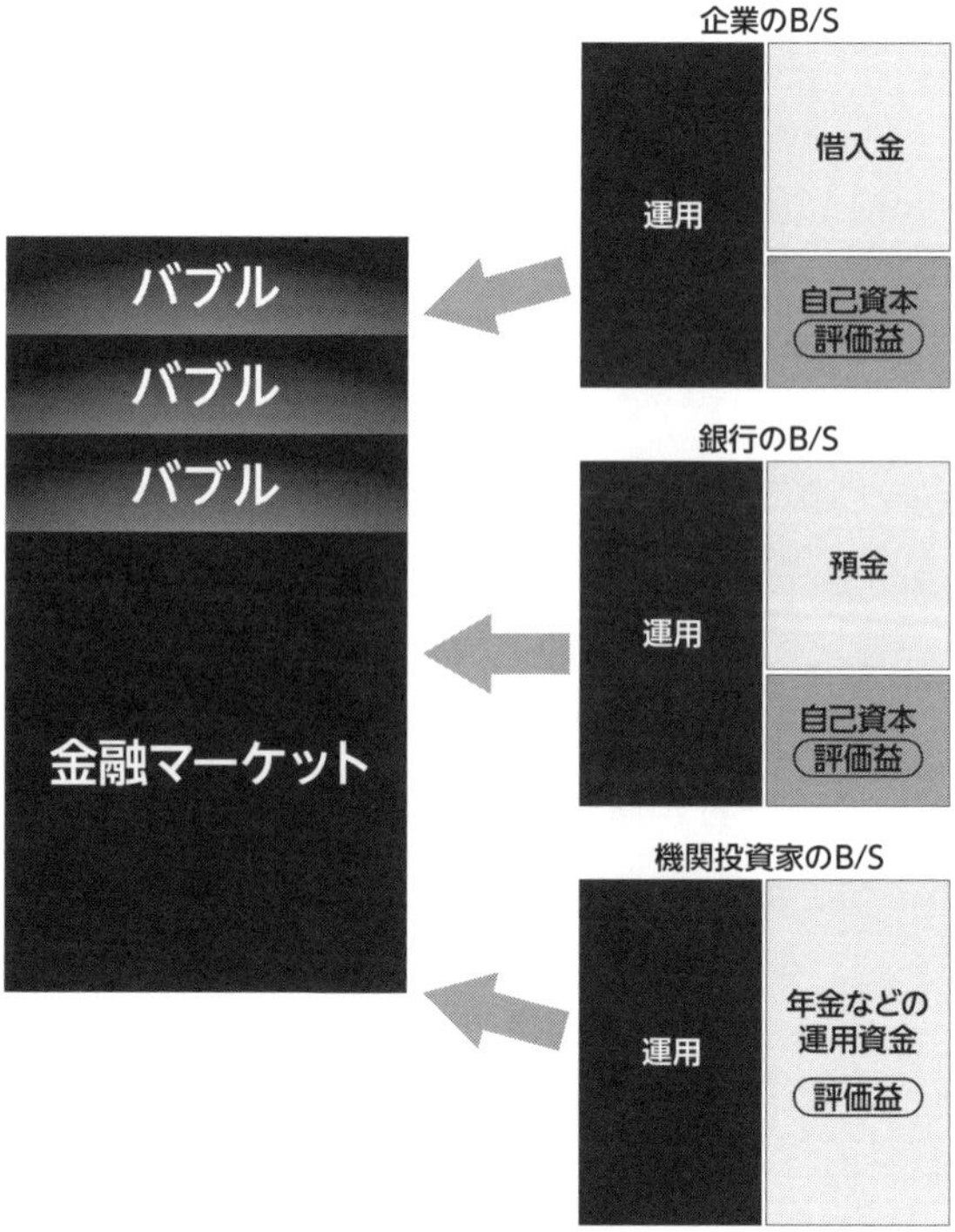

- 買って買いまくっている間は、資産勘定がどんどん膨れ上がっていく
- それが運用評価益として計上される

図表6

バブルに踊った後始末（その2）

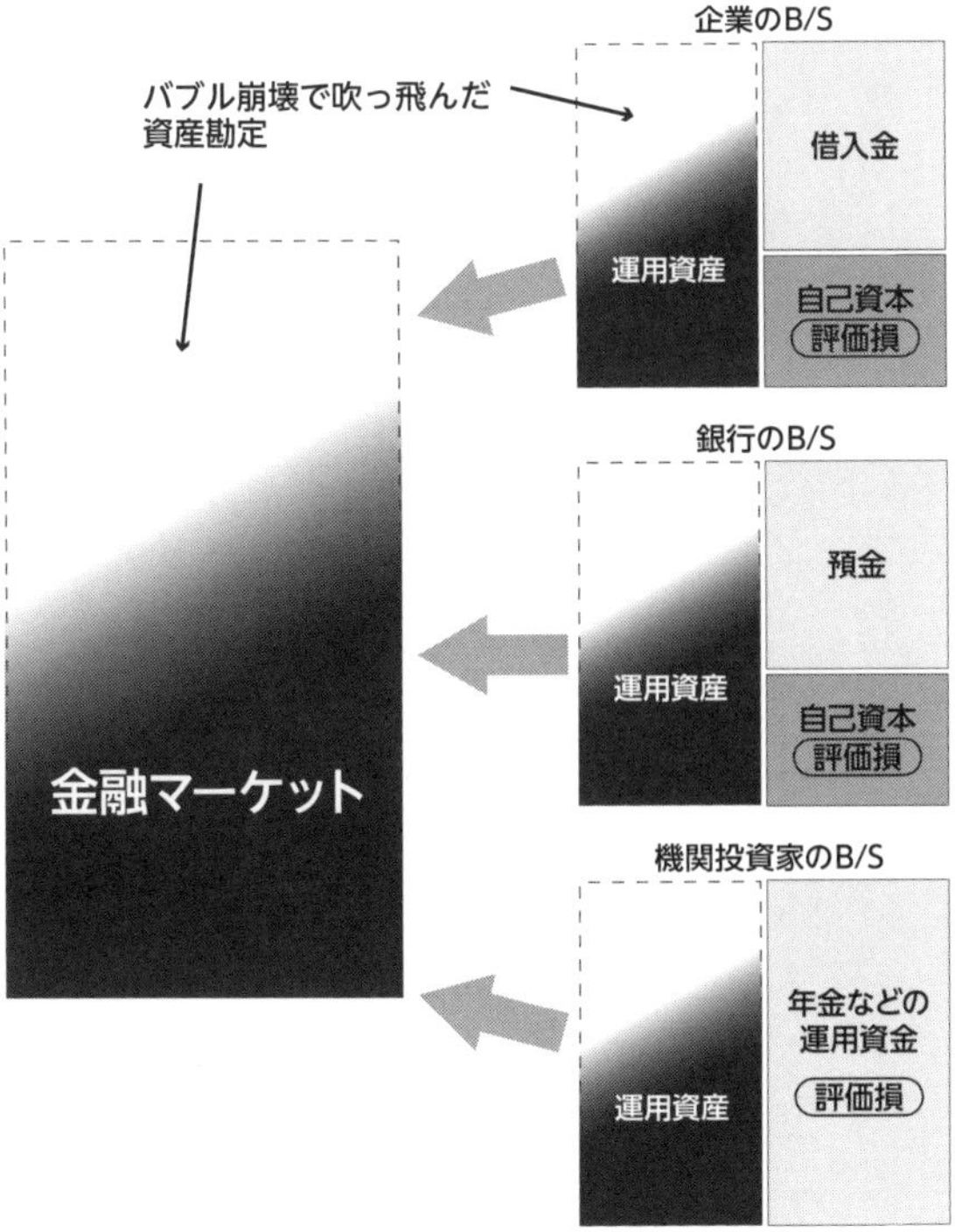

- バブル崩壊で資産勘定のかなりの部分が吹き飛ぶ
- 大きな投資損が発生したが、それをどう処理するか?

バブルに踊っている間は、どのプレーヤーも資産勘定の膨れ上がりにゴキゲンだった。資産勘定が膨れ上がった分は、評価益や運用益として計上される。株価などがバブル高すればするほど、評価益や運用益が膨れ上がってくれるのだ。

いつのバブル時でも、さらなる儲けを求めて、皆がどんどん強気になっていく。企業などは借り入れを増やしていって、その資金を次々と金融マーケットへ投入したりするものだ。

今回のバブルでは、金利はゼロ同然だし資金はいくらでも借りられる。いつもよりさらに、すごい買いっぷりとなっている。それ行けっ、ということで資金を次から次へと借り入れては、バブル買いを続けてきた。

この図表5をみれば、世界的なカネあまりと壮大な金融バブルの膨れ上がりとの関連性が、よく理解できよう。

ところがだ、バブル崩壊ともなると、この図式は瞬時に暗転する。図表6にあるように、資産勘定は大きく目減りする。巨額の運用損失の発生である。一方、借入金は、まるまる残る。

その結果、バブル崩壊で食らった運用損失が財務を急悪化させ、借入金の返済負担が経営を揺るがすことになる。これが、バブル崩壊後しばらくすると発生する、企業や金融機関の連鎖倒産のはじまりである。

連鎖倒産？　そう、個々の企業と金融機関との間での貸し借りがつながっており、それが経営破たんの連鎖となっていくのだ。

その現象が、今回の金融バブル崩壊では世界中で同時に発生しよう。

銀行も不良債権に苦しんで、金融不安も

バブルに踊り狂った企業や金融機関が資産デフレに苦しむ図式は、先に書いた通り。今度は、銀行の場合をみてみよう。

銀行はバブル崩壊で、自らもバブルに踊っていた部分の投資損失や大きな評価損に苦しむ。それだけではなく、不良債権という問題を抱え込むことになる。そのあたりを、**図表7**で説明しよう。

銀行からすると、貸し出し先の企業などの間では、バブル崩壊を受けて大きな投資損失が発生する。金利はゼロ同然で資金はいくらでも借りられるからということで、どの企業もタガが外れたように投資を拡大させてバブルを踊ってきた。

それが、バブル崩壊で一挙に暗転した。バブルに乗って膨れ上がっていたはずの資産勘定が蒸発したかのように消え去った。そして、大きな投資損が発生してしまった。

ところが、銀行からの借入金は、まるまる残っている。企業にしてみれば、バブル崩壊で巨額の投資損を被ってしまった。そうなった以上は、銀行からの借入金を返済するといっても、そう簡単な話ではない。

巨額の投資損を、なんとか穴埋めしたい。といっても、バブル崩壊で暴落相場の渦中だ。株価などが元の高値にまで戻ってくれる気配はない。

金額が金額だし、一体どうやって穴埋めしようか。そうこうしている間にも、株価などの下落が続き、投資損失や評価損はどんどん膨れ上がっていく。

そのうち、借入金を返済するどころか、自社の経営にも赤信号が灯りかねない状況に追いやられる。後述するが、バブル崩壊で金利は急上昇する。金利コストとい

図表7

銀行の不良債権に苦しむ

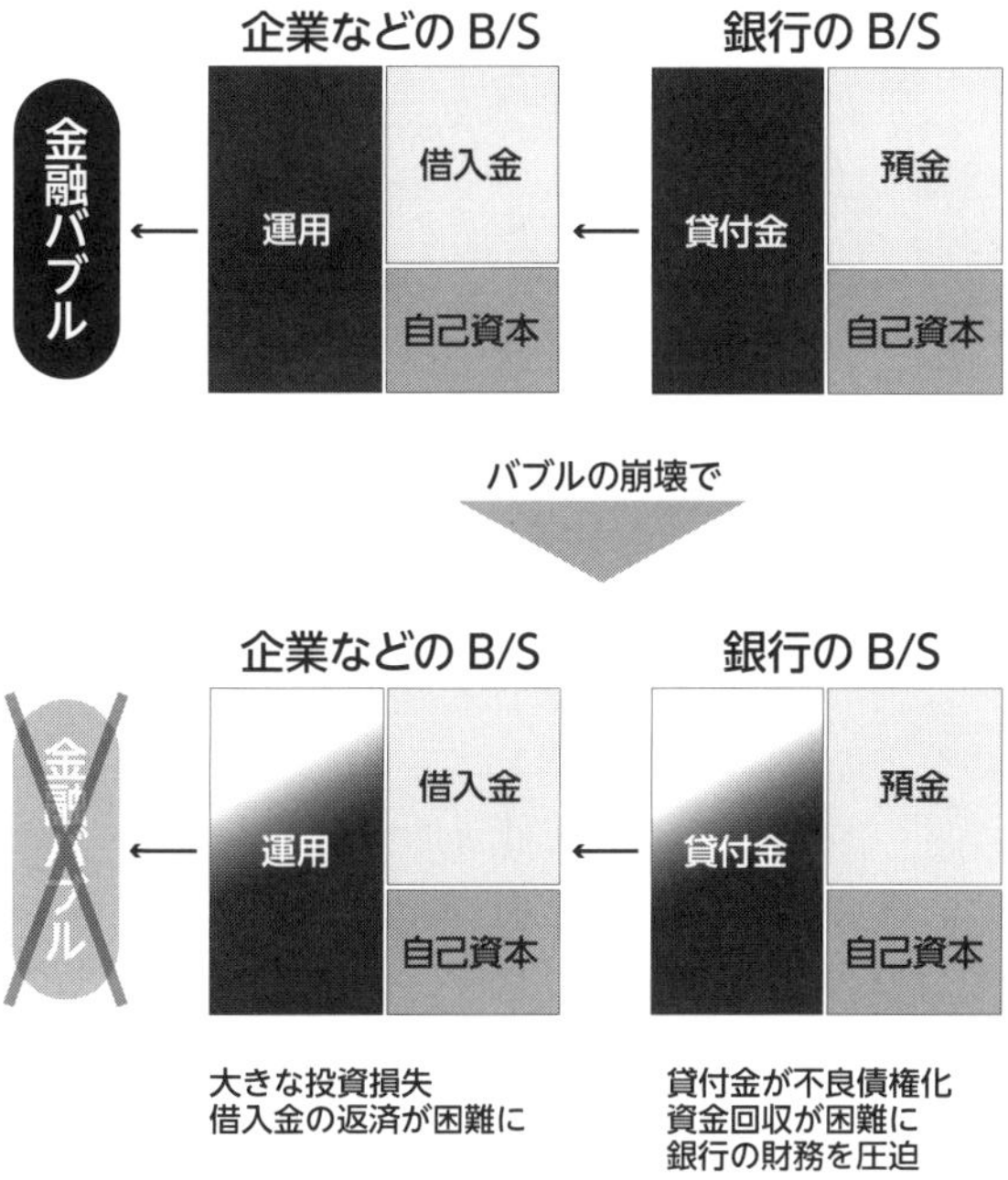

- バブル崩壊で貸し出し先の企業が大きな投資損失を被る
- 貸付金の清算が困難になり、そのまま不良債権化
- 銀行の財務は大きく圧迫される

うものが、バブル企業のみならず、経済全般に覆いかぶさってくるのだ。

一方、銀行はというと、バブルに踊っていた企業などへの貸付金が焦げついてしまった。返済を求めても、融資先はどこも大きな投資損を被って四苦八苦している。ひとつ間違えると、融資先企業が債務超過で経営破たんもあり得る。そうなると、銀行にとっては貸倒れ引当金の積み増しや、貸付金勘定の損失処理が待っている。どちらも銀行の経営を大きく圧迫する。

めんどうな状況になってきた。銀行としては、貸付金の回収どころか、不良債権として引当金の増額、あるいは損失勘定としての処理をせざるを得なくなってきた。といっても、これだけのカネあまりバブルが吹き飛んだのだ。バブルに踊った企業などへの融資残は、すごい金額である。

その一部なりが不良債権化するだけでも、銀行経営にとっては決定的な重荷となる。状況次第では、銀行の経営を揺るがすことにもなりかねない。

ともあれ、金融バブルの崩壊で多くの銀行が不良債権や損失処理に苦しみだすと、それだけ銀行の体力も低下し与信供与能力も下がる。それはそのまま、信用収縮となり経済活動全般に大きなマイナスとなっていく。

図表8

バブル崩壊ですべてが逆回転に

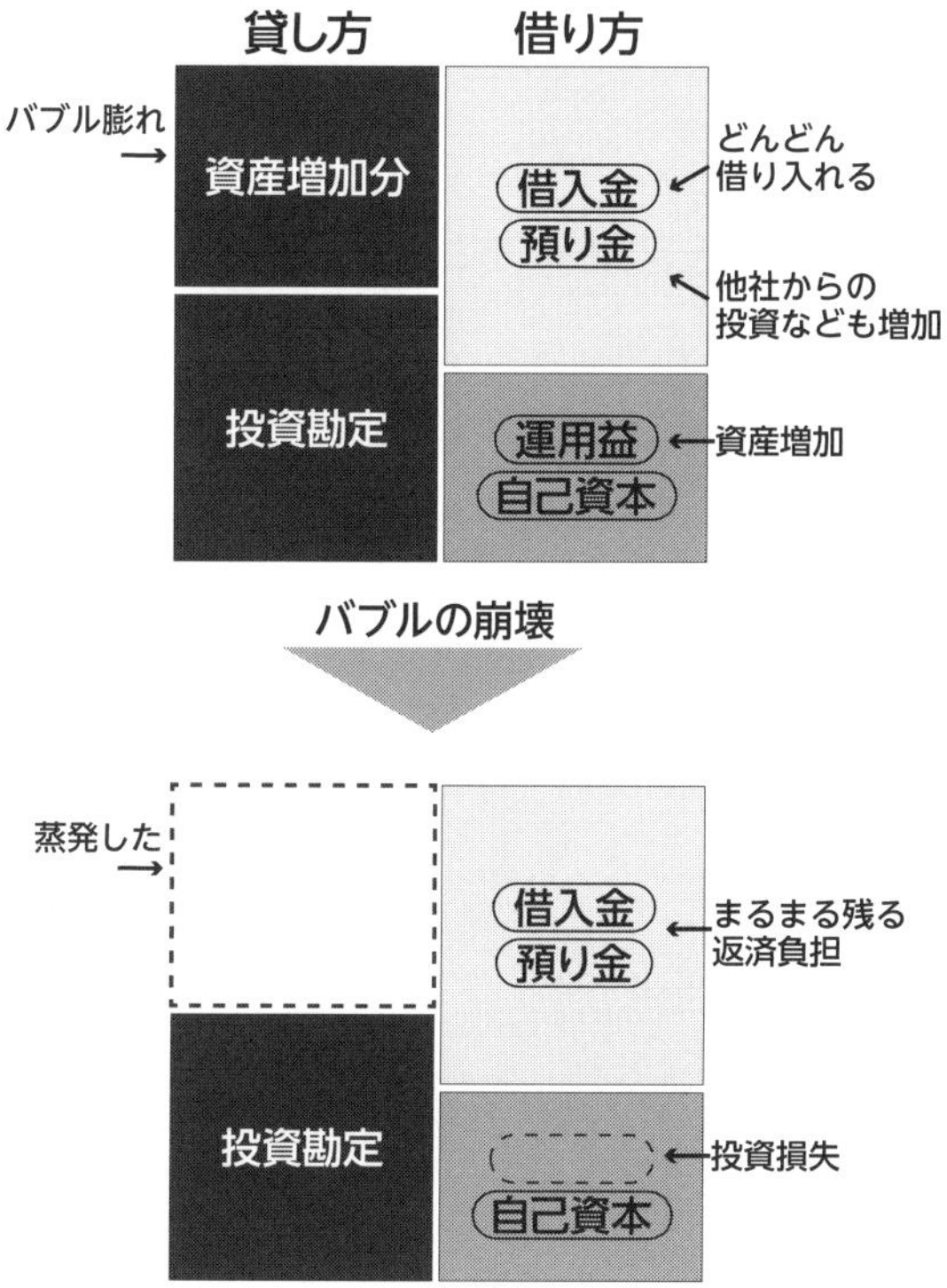

そんなこと、想像もしたくない？　だからといって、現在進行中の金融バブルが崩れることなく永久に続くなど、あり得ない。むしろ、崩れるのは時間の問題といえる。

ということは、銀行の一部なりが経営不振に陥って、その先で金融不安といった事態も覚悟しておくべきだろう。

バブル崩壊で、すべてが逆回転して地獄に堕ちていく。それを**図表8**で示しておいた。

資産デフレは、とんでもない金額に

いつのバブル崩壊でも、バブルに踊っていた企業や金融機関などの間で、巨額の投資損失や評価損が発生する。いわゆる資産デフレの状態に陥るわけだ。

バブルが破裂して、その寸前まで膨み続けていた資産勘定に大きな穴が空いた。

その一方で、負債勘定はまるまる残って、そのギャップを埋めるために、企業や金融機関の経営は塗炭の苦しみを味わう。それが資産デフレだ。

今回の金融バブルは、世界的に前代未聞といえる大量の資金供給を続け、金利をゼロ同然にまで引き下げて煽ってきたバブルである。異常なまでに膨れ上がったバブルが崩壊するのだ。どれほどすさまじい崩壊となるのか想像を絶する。

金融マーケットのみならず、経済や社会もひどいことになるのだろう。それらを、ひとつずつ洗ってみよう。

まずは、資産デフレの規模だ。1990年に入って、日本のバブルは破裂した。その折に、地価や株価の下落で発生した資産デフレ額は、各経済研究機関がはじき出した金額で、1200兆円から1600兆円の間と幅があった。

どのくらい資産が目減りしたかの額は、どれだけ多くの企業や金融機関の財務状況を洗い出したかによって違ってくる。上場している企業からは財務データを入手しやすいが、中小企業や町工場ともなると、なかなか数字が揃わない。

その結果、資産デフレの推計額は1200兆円から1600兆円の間と、大きく開いたわけだ。それでも、日本経済の2・2倍から3倍もの巨額な「資産勘定」が吹っ飛んだのだ。なんとも恐ろしい数字だと思わないか。

日本の例をとってみたが、いつのバブル崩壊で発生する資産デフレでも、このような巨額の資産蒸発となる。

そこで今回の金融バブル崩壊だが、世界的に膨れ上がっただけに、発生する資産デフレの規模は、ちょっと想像もつかない。なにしろ、前代未聞の金融緩和と大量の資金供給で膨れ上がった、そのバブルが吹っ飛ぶのだ。

それだけではない。バブル膨れの中には先物やオプション取引、スワップ取引、あるいはデリバティブなどを駆使した金融取引などが入っている。それらのすべてが乗っかっているのだ。

実体をともなった通常の取引に、その何倍とか何十倍といった金融取引が上乗せされている。それらのすべてを加えた資産勘定が大きく膨れ上がり、今回の金融バブルという巨大風船となっているのだ。

そうなのだ、バブルで膨れ上がった資産勘定の中身は、実体部分とそれをはるかに上まわる金額の金融取引部分を合わせたものである。どのくらいの金額になるのか、誰も正確にはつかめない。

それに比べると、日本のバブルは土地と株式への投機が主体だった。それだけでも、日本経済の2・2倍から3倍もの巨額な資産デフレが発生したのだ。

となると、今回の金融バブルが崩壊すると、一体どのくらい巨額の資産デフレが発生するのか、もう想像を超える。先物やオプション、スワップ、デリバティブなどの取引金額も上乗せされた、天文学的な資産勘定に穴が空くのだ。

なんとも、恐ろしいことになる。

債務不履行リスクが多発し、信用不安にも

この金融バブルが崩壊するや、想像を絶するほどの資産デフレが、日本はじめ先進各国の経済に重くのしかかってくることになるのは間違いない。考えるだけでもウンザリする。

個々の企業や金融機関においても、すさまじい金額の資産デフレが発生して、経

営を大きく圧迫しよう。それぞれがどれだけバブルに踊ったかにもよるが、債務不履行の状態に陥るところが多発しよう。

通常の債務不履行はデフォルトと呼ばれるもので、債券投資などでの警戒すべきリスクをいう。債券を発行している企業などが経営不振に陥って、決められた金利の支払いが滞り、元本償還が不能となった状態がデフォルトだ。

その点、バブル崩壊では企業や金融機関などが巨額の資産デフレに苦しむ。時間の経過とともに、経営も財務もどんどん悪化していって、そのまま借入金の返済が不能といったデフォルト状態に追い込まれる。

どこも大きな投資損失を被り、評価損も重くのしかかっている。その穴埋めとして、他の部門の利益と相殺したり、保有資産を売却しようとする。その作業が、企業や金融機関の経営の足カセとなるし、体力もどんどん奪われていく。

それだけでは済まされない。まるまる残っている借入金を、どう支払っていくかの問題は、まったくの手つかずだ。個々の借入契約がどのような支払い条件となっているのかによるが、いずれは返済を迫られる。

返済するといっても、投資してきた資産は大きく目減りしてしまっている。バブルに踊ってきただけに、皆が競うように買い上げてきた投資勘定ばかり。それが大きく傷ついてしまったのだ。

投げ売りでもなんでも、とにかく売りたい投資家たちであふれ返っている。それもあって、暴落した株価はちょっとやそっとでは戻らない。

では、どうするのか？　なにか別の資産を売却して現金をつくれるところは、まだなんとかなる。だが、そんな余裕のあるところは例外的だろう。

おそらく多くの企業や金融機関は、借入金の重荷に打ちひしがれたまま、なす術もなしとなろう。できるのは、時間をかけて本業の利益で借入金をすこしずつ返済していくことぐらい。

そんな状態が企業や金融機関の間で広がっていったら、巨額の資金を融資していた銀行経営は一体どうなるだろう？　時間をかけてでも返済してくれるのはありがたいが、形としては返済猶予を認めた勘定の山となる。

やっかいなことに、ゼロ金利に近い貸付金ばかりだ。返済が先延ばしとなればなるほど、銀行の収益基盤はじわじわと弱体化していく。

それぐらいなら、まだマシかもしれない。融資していた企業などが経営不振に陥って、バタバタ潰れだしたら大変なことになる。どれもこれも損失処理をせざるを得ず、銀行の経営を大きく圧迫する。

第5章

金融も経済も大混乱に

経済全体に信用収縮が襲う

これだけのカネあまりバブルが進行中のいま、金融マーケットは大活況の中にある。コロナ禍に苦しむ飲食業や旅行関連業界は別として、世界の経済の現場どこを見わたしても、資金不足や信用収縮といった事態など、まったくイメージできない。

お金がジャブジャブに供給されており、望めば誰でもいくらだって借りられる。それも、金利はゼロ同然でだ。いまは、それこそ青天井で信用が供与されているといっていい。

ところが、バブルが崩壊するや一夜にして、マーケットからはジャブジャブだったはずの資金が消え去る。経済の現場あちこちでは、資金不足や信用収縮といった現象に襲われる。

それが資産デフレである。詳しくは第4章に書いた通りである。バブルで大きく膨れ上がっていた資産勘定の大半が蒸発したかのように消えてしまう。一方、借入金などの負債はまるまる残ることになる。

すると、その蒸発したように消えた資産勘定の分だけ、経済全体では資金不足が発生する。なんとかして、穴埋めしなければならない。

実は、この穴埋めが大変な苦しみを経済にもたらすのだ。実体経済の規模をはるかに超えてバブル膨れしていた資産勘定だが、バブル崩壊で大きく穴が空いてしまった。その穴埋めの大部分を、実体経済が引き受けることになる。

企業や金融機関の財務は火の車に

これは、実体経済にとっては、とんでもなくキツイ負担となる。どういうことかを**図表9**で説明しよう。

企業も金融機関もバブルに踊っている間は、バランスシート（B／S）の「貸し方」

図表9

資産は大きく目減りしたが、借金はまるまる残る

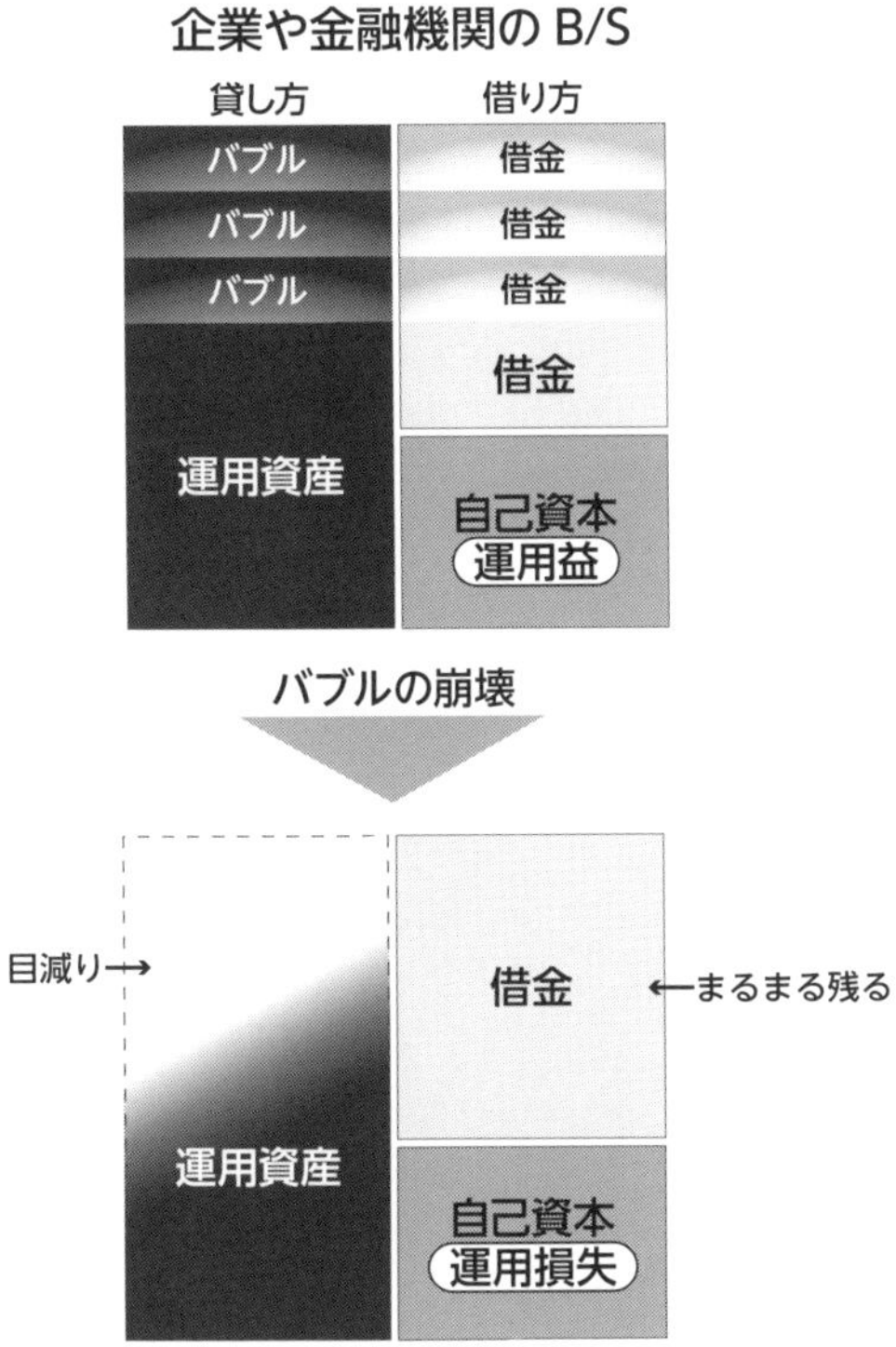

- バブル崩壊で大きな投資損失が発生し、資産勘定は大きく目減りする
- 一方、借金はまるまる残る
- 資産が目減りした分は、財務悪化に直結する

にあたる資産勘定が、みるみる膨れ上がっていった。それをいいことに、「借り方」勘定となる借入金を野放図に増やしたり、他社からの預り金勘定も拡大の一途だった。

バランスシート全体が、バブルの膨れ上がりに乗って、どんどん肥大化していったわけだ。

それがバブル崩壊で歯車は一挙に逆回転を始めた。投資勘定すなわち、B／Sの「貸し方」にあたる資産勘定のかなりの部分が蒸発したかのように消え去った。

一方、「借り方」の借入金や預り金の勘定は、まるまる残っている。そして、投資損は自己資本に重く食い込んできた。これが、財務面から見た資産デフレである。

そこで鎌首をもたげてくる問題は、まるまる残った借入金や預り金の勘定である。借り入れや預り金どちらも、ビジネス上の取引であり、きちんと契約している。その契約が、まるまる残ったわけだ。

企業間の取引あるいは銀行など金融機関との取引は、契約通りに履行されなければならない。それが信用というものだ。

しかるに、バブルに踊った企業や金融機関などは、バブル崩壊でB／Sの「貸し方」である資産勘定を大きく目減りさせてしまった。なのに、「借り方」である借入金や預り金の契約は、きちんと履行を求められる。

このギャップを、どう埋めるのか？　大きく減ってしまった資産勘定でもって、まるまる残った負債勘定をなんとか返済しなければならない。といっても、現実問題として、ない袖は振れない。

かくして、多くの企業や金融機関などが、借入金や預り金返済のための現金不足に追いやられる。また、返済過程で、契約履行が滞ったり不履行となるケースが多発する。

それが、経済の現場で資金不足や信用収縮を引き起こすことになる。

資金不足で市中の金利は急騰する

経済の現場で資金不足が発生し、信用収縮という事態に陥ると、当然のことながら市中の金利は上昇する。いま、これだけカネあまりとなっている経済の現場だが、それが一転して資金不足に陥るなんて、ちょっと想像もつかないだろう。

だが、大きく膨れ上がったバブル資産が吹き飛んだのだ。カネあまりの大部分が蒸発したかのように消え去ったのだから、企業や金融機関の間で資金不足を騒ぎだすのは避けられない。なのに巨額の借入金や預り金の支払い契約はまるまる残っているのだ。そのギャップ部分を埋めるための資金が、経済全体で大きく不足するのは、図表9で理解できよう。

そのギャップ穴埋め作業での資金不足が、市中の金利上昇となって表面化してくるのだ。

金利上昇？　そう、バブルに踊った企業や金融機関は、どこも借入金や預り金を返済するための資金調達に追われる。皆が競って返済資金を調達しようとすれば、金利は当然のことながら高くなる。

資産デフレに苦しむ企業や金融機関にとって、バブル崩壊で生じたギャップを埋めるのは、なんとも重い経営課題となる。借入金や預り金の返済が滞ったり返済不能となるや、一気に信用収縮という事態に発展する。

経済の現場が資金不足や信用収縮に陥ると、経済活動は急激に冷え込む。これぞ、バブル崩壊がもたらす経済全体への甚大なる影響である。

バブルに踊り狂った企業や金融機関などといった当事者たちが塗炭の苦しみに喘ぐだけではない。それを超えて、経済活動全体そして社会や一般生活者にも悪影響が及んでくるわけだ。

これらの現象に、第2章で書いた債券バブルの崩壊による長期金利の上昇が重なってくると、一体どうなるのだろう?

ちょっと待ってくれ。先進国中心に各国政府は前代未聞の金融緩和政策を続けているではないか。それに、中央銀行もゼロ金利政策の旗を降ろそうともしない。それなのに、金利は上がるというのか?

残念ながら、いかに各国政府や中央銀行といえども、バブル崩壊による資産デフレや債券市場の暴落は止められない。資産デフレがもたらす資金不足と金利上昇は右に書いた通りだ。

一方、債券市場でいえば、バブル高を買って買いまくってきた人たちが、一斉に売ってくるからだ。それが債券価格の下落、すなわち長期金利の上昇を招く。損しそうになれば、皆が売り逃げに走る。持っているものを売ろうとするのは、所有者の自由である。バブル崩壊での、総売りは大津波のような巨大な水圧となって、すべてを押し流してしまう。

わかりやすくいうと、バブル高をガンガンに買ってきた株式なり債券なりを売るのは、個人や企業、そして金融機関や機関投資家それぞれの自由。国や中央銀行がいくら金融緩和やゼロ金利政策を続けようとしたところで、そんなのお構いなしに売ってくる。

その結果として、長期金利の上昇や市中金利の上昇を招いてしまうわけだ。

国家財政は破たん状態に追い込まれよう

現在進行中の金融バブルは、もう時間の問題で崩壊しよう。それは、いつ頃か？

そのきっかけは?と問われても、わからないというしかない。

ただ、バブル買いが進み、買いのポジションがどんどん重くなっていっているのは、誰も否定できまい。その重みで、熟柿が落ちるように、この金融バブルもそう遠くない将来に崩壊しだすのは避けられない。

その時は、株式市場や債券市場の暴落で、巨大な資産デフレと長期金利の上昇を招く。また、バブルに踊った企業や金融機関を中心にして、企業倒産の多発や銀行の不良債権問題、そして信用収縮などが連鎖して発生しよう。

そうなってくると、国家財政に赤信号が灯る。リーマンショック、つれてコロナ禍で先進国を中心にして、どこの国も巨額の財政支出に走ってきたが、その大半は国債発行で賄っている。

ここまでは超低金利、そしてゼロ金利政策を押し通してきたこともあって、各国は金利コストを意識することなく国債を発行して、タガの外れたような財政支出拡大を賄ってきた。金利はゼロ同然だから、いくらでも気楽に新規国債を増発できる。

ところが、長期金利や市中金利が上昇しだすと、国債の発行金利も上げざるを得ない。そうなると、どの国もそう簡単に国債増発とはいかなくなる。

なにしろ、新規国債の発行で付与する利率（クーポン率）が、跳ね上がるのだ。それだけ国債で支払う金利コストは高くなる。そのコスト増加は、財政赤字を拡大させてしまうという悪循環となっていく。

問題は、それだけではない。どの国もすでに巨額の国債発行残高を抱えていて、既発の国債で満期償還が到来したものを、次々と借り換えている。その借り換え債の金利コストも、当然のことながら上昇するのだ。

日本を例にしてみると、今年度の当初予算では新規国債発行額は43兆円となっている。一方、借り換え債の発行は１４７兆円である。合計では、なんと１９０兆円にもなるのだ。

すると、国債の発行金利が現在のゼロ同然から1％上がるだけでも、年間で１・９兆円の金利コスト増となる。

それでなくとも、43兆円の財政赤字となっている今年度の予算だ。１％の国債発行金利の上昇で１・９兆円の金利コスト増は重い。

実際は、そんな程度では収まらないだろう。これだけ巨大な金融バブルが崩壊するのだ。世界的にみても、長期金利が５％はおろか、８％とか９％にまで跳ね上がってもおかしくない。

長いこと日本も各国も2%インフレを目標にするとか唱えてきたが、2%などは一気に飛び越えた金利上昇となろう。それがそのまま、野放図な国債増発に頼ってきた各国の財政を窮地に追いやることになる。

中央銀行の役割は?

どこの国の中央銀行も、自国通貨の発行と管理を主たる業務としている。通貨の価値が安定し、国民から全幅の信頼を寄せられることが、その国の経済はもちろん国民生活にとっても最重要課題である。

その大役を担っているのが中央銀行である。一国の経済が安定的に発展拡大していくために必要な通貨の供給と調整を、中央銀行が一元的に管理するわけだ。

経済活動が順調に拡大発展するのに必要なマネーの供給量は、多すぎても少なすぎてもいけない。多すぎると、お金をダブつかせてインフレを招く。一方、資金の供給が少なすぎると、経済活動の拡大にブレーキをかけてしまう。

もちろん、経済活動は実際のマネー、つまり現金のやり取りだけで動いているわけではない。現金取引をはるかに上まわる金額で信用の供与が、経済の現場では日常茶飯事のように行われている。

ちなみに、いま日本国内で流通している日銀券、つまり通貨の量は118兆円ほどである。読者の皆さんの財布の中にある1万円札や100円玉、そしてタンス預金から企業の手持ち現金などまで、すべて合わせて118兆円だ。

それに対し、世界第3位の経済大国である日本経済の現場では、118兆円よりもはるかに巨額の資金が動きまわっている。その大半は、現金のやり取りを超えて、信用で動いているわけだ。

早い話、個人の預貯金残高は1947兆円もある（日銀速報、2020年12月末）。その中で、個人や家計がもっている預貯金の通帳残高は、954兆円もあるのだ。それに対して、日本国内の現金流通額は118兆円にすぎない。

なにかの加減で、個人や家計が預貯金の解約に向かったら、一体どうなるのだろう？　日本中の現金をかき集めても、まったく足らない。当然のことながら、銀行や郵便局から現金の引き出しができなくなる事態に陥る。

それを察知するや、一刻も早く、自分だけでも現金を確保しようとするのが人間の心理である。人々が大挙して銀行や郵便局の窓口へ押しかけて、我先に現金を引き出そうとする。これを、「取りつけ騒ぎ」という。

いざ取りつけ騒ぎとなっても、954兆円もの通帳残高に対応すべく現金紙幣を刷るなんて、ちょっとやそっとの時間では不可能もいいところ。その間にも、現金化を急ぐ群衆心理はどんどん狂暴化していく。社会不安は一挙に高まる。

そういった事態なんて、いま現在は想像すらできない。なにごともなく経済はまわっているし、毎日の生活も成り立っている。

そうなのだ、経済活動のほとんどが信用でまわっているといっていい。現金のやり取りもあるが、それをはるかに上まわる信用の供与でもって経済活動が展開されているわけだ。

その元締めとなっているのが、各国の中央銀行である。適切な量の通貨を発行しつつも、経済の現場での信用の供与が支障なく行われているか目配せを怠らない。

もちろん、取りつけ騒ぎなどに至らぬよう、民間銀行の信用や経営状況も、しっかり監視している。

実に重要な役割を担っているわけだ。それが各国の中央銀行である。しばしば中央銀行は通貨の番人といわれるが、まさに一国の通貨の総元締めである。

余談ながら、各国がニセ札を厳重に警戒するのも、それだけの理由がある。どの国も通貨の発行と管理がしっかりなされていてこそ、経済の安定的な拡大発展があるのだから。

景気対策なんて政府の仕事なのに

ところがだ、最近の日銀はじめ先進各国の中央銀行は、通貨の番人という役割を大きく逸脱してしまっている。景気対策とか、景気浮揚という、本来なら各国政府が責任をもつべき政策までも、各国の中央銀行は押しつけられているのだ。

為政者からすると、きわめて使い勝手がいい。なにしろ、予算のように国会での審議を経て景気対策予算を獲得する必要がない。中央銀行に大量の資金供給をさせれば、いいだけなのだから。

実際、日銀の政府協力ぶりはすごいものがある。**図表10**をみるとそれがはっきりわかる。すさまじいまでの、日銀の資産膨張ぶりである。

そういった、ご都合主義が世界とりわけ先進国の政治家の間で蔓延している。その最たるものが、マネタリー政策である。

金融を大幅に緩和し、資金を大量に供給しさえすれば経済は成長する。そう唱えるマネタリー政策を、この30年ほど先進国はどんどん加速させてきた。

トップバッターは日本で、１９９０年に土地や株式投機のバブルが崩壊するや、矢つぎ早に総合経済対策などを打ちだして財政資金を投入していった。返す刀で、超低金利政策そしてゼロ金利政策を打ちだした。

ひたすら企業や銀行を潰させない、大量失業の発生を防がなければで、日本は金融緩和とゼロ金利政策をどんどん深堀りしてきた。その間にもアベノミクスが登場し、日銀は大量の国債購入だけに止まらず、株式ＥＴＦまで買い進んだ。

図表10

日銀の資産、こんなにも急増している

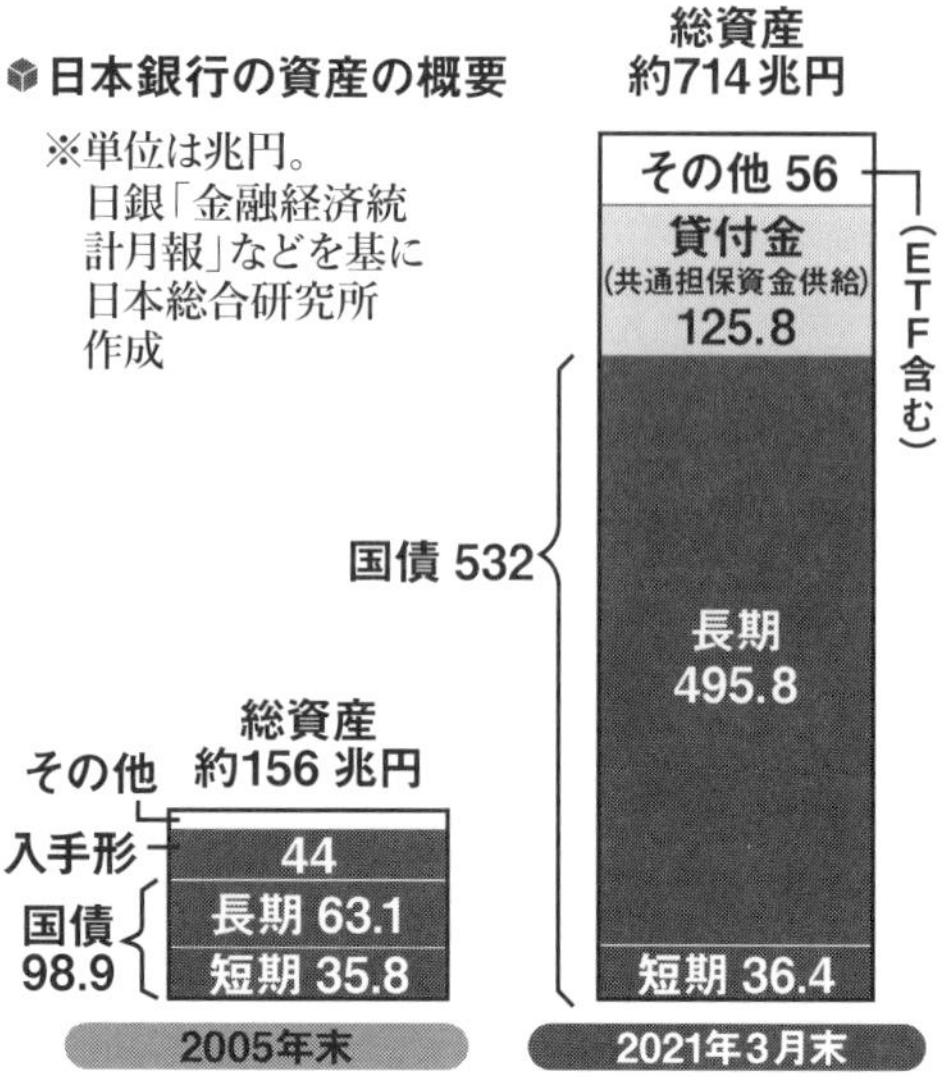

(読売新聞 2021年4月21日)

- 日銀の財務は4.5倍にも膨れ上がった
- 経済の現場に資金供給することで、国に代わって経済対策の役割を期待されてのもの

これでもかこれでもかと、マネタリー政策を深掘りしてきたわけだ。しかるに、その効果とやらはさっぱり表れてこない。日本のバブル崩壊から早くも30年が過ぎたというのに。

もっとも、国や識者は、デフレ現象を食い止めたと誇らしげにいう。だが、その間に投入した延べで500兆円を超す景気対策予算、日銀の財務を日本のGDPの1・3倍にまで膨らませての異次元の資金供給、あるいはゼロ金利政策で家計から奪ってきた預貯金の利子収入の全部を合算すれば、なんら誇る成果でもない。

一方、EUや米国も2008年9月のリーマンショック後は、大々的な金融緩和とすさまじい規模の資金供給を実施している。日本の後を追ってマネタリー政策を深掘りしたわけだが、こちらもほとんど成果は表れていない。

それどころか、EUではジャパニフィケーション（日本化）と呼ばれる低成長に陥ってしまっている。米国では、一部の高所得層への富の集中がますますひどくなっている。

これが、金融を大幅に緩和し、資金を大量に供給しさえすればのマネタリー政策の帰結である。なんのことはない、本書のテーマであり警告でもある、金融バブルという怪物を生み出しただけである。

国に代わって景気対策に駆り出された形の先進各国の中央銀行は、いい面の皮である。通貨の番人という重要な役割を果たすどころか、通貨価値の下落にお先棒をかついだと、後世の歴史家は酷評することだろう。

通貨価値の下落？　そう、ひどいインフレを招くことに先進各国の中央銀行が加担しているのだ。

世界中でインフレの火が

リーマンショックで金融恐慌に陥るとか、コロナ感染問題で世界経済は真空状態を落ちていくとかで、これだけ大量に資金をバラ撒き続けてきたのだ。前代未聞という表現が、もういいやとなるほど繰り返されている大量の資金供給だ。

経済活動はすべて需要と供給である。その大原則からすると、世界的にみても資金は完全なる供給過多の状態にある。

ちなみに、各国中央銀行の財務つまり資産規模はＧＤＰに対して10％台の水準にあるのが普通である。ところが、米ＦＲＢの財務規模はＧＤＰの約36％ほど、ヨーロッパ中央銀行で約60％にまで膨らんでいる。

日銀に至っては、日本のＧＤＰの１３０％という異常さである。**図表11**でみると、日米欧の中央銀行の財務拡大が急ピッチで進んでいることが、よくわかる。

世の中なんでも供給が多すぎると、価値が下がる。すなわち、価格が安くなる。お金の価値も同様に下がる。

マネーの供給過剰は、インフレを招く。それが、経済の大原則であり、常識である。ということは、先進国中心にインフレの火が燃え上がることになろう。

インフレなんて、本当に来るのか？　たしかに、いま現在は、世界中どこを見わたしても、インフレのイの字もみられない。

いまはコロナ感染防止とかで、タガの外れたように財政資金が投入されている。各国中央銀行も財務をどんどん膨らませている。ひとつ間違えると、先進国はじめ

図表11

日米欧の中央銀行の資産は急膨張している

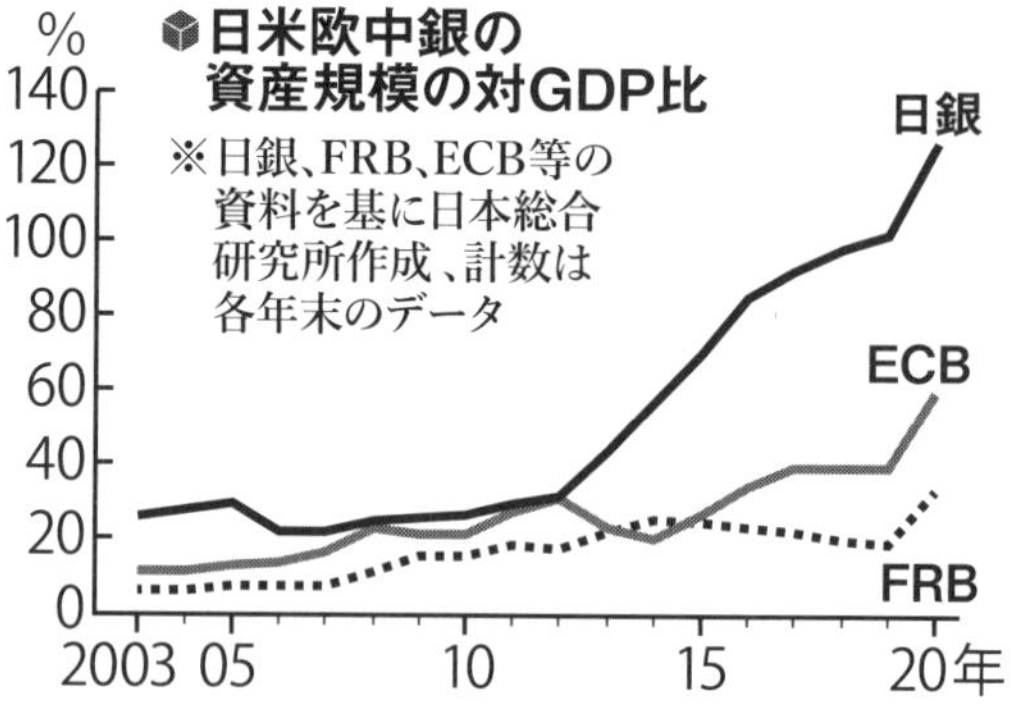

(読売新聞 2021年4月21日)

● 日銀は2012年をボトムに、米欧は2019年をボトムに財務を急拡大させている

世界経済がデフレ状態に陥ってしまいかねない、ということでもって。

それでも、これだけジャブジャブにお金をバラ撒いているのだ。お金の価値が下がっているのは間違いない。ただ、コロナ禍の経済混乱もあって、価値の下がっているお金を何にシフトさせれば良いのかが見えない。それで、価値は下がっているものの、人々はお金を抱えこんだままでいる。

したがって、なにかお金に代わる価値が見えだすや、たちまちインフレの火が燃え広がるのだろう。

＊　＊　＊

おもしろいことに、庶民感情的には「このままハイパーインフレーションにまで行ってしまうだろう」という声があちこちから聞こえてくる。

一方、金融当局や識者などはデフレ阻止と経済対策に躍起で、インフレ懸念などそぶりにもみせない。

庶民感情というか世の中の感覚が正しいのか、政府当局や経済の専門家のいう通りなのかは、どうでもいい。誰がなんといおうと、インフレにまで行ってしまうのは避けられない。筆者はそう考える。

財政ファイナンスにまで踏み込んできた

第4章でも軽くふれたように、先進各国の財政はどんどん悪化している。急速に膨れ上がる財政赤字を賄おうと、財政ファイナンスという表現が公然と語られるようになってきた。

これまでは、米FRBはじめ各国中央銀行は金融機関から、つまり市場を通して国債などを買い入れてきた。それでもって、金融市場へ資金を大量に供給するという政策を推し進めてきたわけだ。

それが、財政ファイナンスともなれば、政府が発行する新規国債を中央銀行が直接に買い入れることを意味する。ひとたび、中央銀行が新発国債の直接購入に踏み入れれば、もう歯止めがかからなくなる恐れが多分にある。

なにしろ、政府は肥大化する一途の財政赤字に対しては、中央銀行という打ち出の木槌を手に入れるのだ。通貨を発券する中央銀行を抱き込むことで、国債発行というステップは踏むが、政府は資金をいくらでも調達できる。

この麻薬を手に入れるや、どこの国の政府も放漫財政にブレーキがかからなくなる。いくら財政赤字が拡大しようとも構わない。中央銀行に紙幣をどんどん刷らすだけで、たちどころに財政資金を調達できるのだから。

一度この麻薬に手をつけると、紙幣を無制限に刷ることになり、いずれはインフレを招くのは必至。それが故に、どこの国でも財政ファイナンスを法律で禁止しているわけだ。

ところが最近は、財政ファイナンスもありだという考えが、一部ではあるが公然と語られだしているのだ。

それだけ、コロナ禍で傷んだ経済の立て直しが急務で、禁じ手の財政ファイナンスもやむなしということか。あるいは、インフレなどになりっこないと高を括っているのか。

どちらにしても、財政赤字は危機的なまでに急拡大している。そこへ、もう時間の問題で金融バブル崩壊だ。金融マーケットのみならず、経済の現場も大混乱に陥ろう。

それに対し、各国政府や中央銀行も、今度こそは打つ手なしの状態に追い込まれよう。

＊　＊　＊

片や、金融バブル崩壊の資産デフレによる資金不足と金利上昇、片やお金の価値は大量にバラ撒かれてきたから相当に下がっている。このせめぎ合いを経て、なおインフレの火は燃え広がりだすのだろう。

バブル崩壊の資産デフレで、資金不足や金利上昇が経済全体を覆っているというのに、それでもインフレとなっていくのか？

インフレどころか、皆が資金不足でお金の取り合いをやっているではないか。むしろ、お金の価値は高くなっているんでは？

それでも、インフレの火は燃え上がってくるだろう。

こういうことだ。金融バブル崩壊でバブルに踊った企業や金融機関の多くが経営難に陥る。加えて、資金不足や信用収縮そして金利上昇で、経済の現場は大混乱となる。ものごとの価値判断尺度もガタガタに崩れる。

そうなってくると、経済の大原則が放っておいても働きはじめる。すなわち、なにごとも需要と供給でのバランスでもって、落ち着くところに落ち着く。

すなわち、大量にバラ撒かれてきたお金の価値は間違いなく下がっており、それが表面化するのだ。

たしかに、企業経営の現場では資金需要は高いが、それとお金の価値が下がっているのとは別ものである。つまり、資産デフレに苦しむ企業や金融機関の間で資金繰りは逼迫しているが、それはそれでインフレの火が燃え広がりだすことになる。

まさしく、庶民感覚がハイパーインフレの到来を感じているが、その通りの展開となっていくのだろう。

第6章

マネー史上主義の終焉

株主資本主義も、ここまでか

株主資本主義やマネー至上主義といった考え方が、これまで世界とりわけ先進国で「この世の春」を謳歌してきた。それらが、金融バブル崩壊を機に、まとめて地に堕ちていくことになろう。

ノーベル経済学者であるミルトン・フリードマンなどが唱えた、自由放任的な経済学理論では株主主権が絶対視されている。実際、フリードマン以来、会社は株主の利益追求の単なる道具とみなされるようになっていった。

株主の利益が、すべてに優先する。本当にそれで良いのかどうかは、後にまわすとしよう。株主利益優先の考え方も、昔の資本家あるいはバンカー（個人銀行家）という存在が株主としての利益を追求していた間は、まだ良かった。

なぜなら、資本家やバンカーは私財を投入して事業を展開していたからだ。私財を投入している以上、その事業展開にも株主としての節度やリスク感覚、そしてバランス感覚がにじみ出てくる。

つまり、事業が拠って立つべき社会から一方的に富を収奪し続ければ、結局はそのしわ寄せが自分に跳ね返ってくる。そういった自覚やバランス感覚が、資本家にはいつも働いていた。

ところが、ちょうどフリードマンらが株主絶対論を唱えだした、そのしばらく後から世界中で機関投資家化現象が急激に進展していった。それとともに、機関投資家という株主が登場してくることになった。

先進国中心に年金の積立てが本格化し、1980年代には年金資産が世界最大の運用マネーに躍り出た。そのあたりは、すでに書いた通りだ。

いわゆる、それが機関投資家化現象である。それまでの資本家たちが企業のオーナーだった時代から、それに代わって機関投資家が企業の大株主として登場してきたわけだ。

年金などを運用する機関投資家が大株主として企業のオーナーになってきたことで、企業経営は激的な変化を迫られた。それまでの資本家オーナーとは、まったく違う価値観を企業に押しつけだしたのだ。

機関投資家化現象の弊害

どういうことか？　機関投資家といっても、実際の運用を担当するファンドマネジャーたちは、皆雇われにすぎない。

雇われている以上は、自分の給料やボーナスそして社会的な評価を高めることに、最大限の努力を傾ける。つまり、彼らは運用成績を上げることを至上命題とするわけだ。

ここに、「部分最適の追求に対し、全体不最適」という問題が浮上してくる。世のファンドマネジャーたちは与えられた資産をいかに増大させるかに腐心する。どれだけ運用成績という数字を高めるか、それだけだ。

成績さえ高められるのなら、どんな運用をしようと中身は問われない。問われるのは、運用成績という数字のみだ。その成績も、毎年毎年の数字でもって評価されるときた。

そうなると、「後は野となれ山となれ」の運用姿勢で突っ走っても構わないということになる。自分がしている投資が、経済や社会にどんな影響を及ぼすかなんて、一切考える必要はなし。

これが部分最適の追求である。個々のファンドマネジャーたちは、とにかく運用成績を高められれば、それで良し。ひたすら運用成績という無機質な数字を追いまわすだけ。

ファンドマネジャーたちは経済や社会がどうなろうと知ったことではないという姿勢で運用に臨む。たとえ個人としては経済全体や社会への意識が高くても、成績数字を叩き出せという任務には逆らえない。それが彼の仕事なのだから。

ところが、年金そのものは一般生活者の資産を預かって運用している。いかに、老後資産の最大化を狙うとはいっても、人々の生活基盤である経済や社会を荒らしまくる運用なんて、本末転倒もいいところである。それが、全体不最適だ。

皮肉なことに、運用現場での部分最適の追求は、現在進行中の金融バブルとはピッタリと波長が合っている。バブルの膨れ上がりにも、そしていずれ来るバブル崩壊にも、年金運用がいかに全体不最適となっているかを、さらけ出している。

なんともおかしな話だが、これが日本のみならず世界の機関投資家運用の現状というか弊害である。いまや、年金運用を中心にして、世界中ほとんどの機関投資家が部分最適の追求に突っ走り、止まるところを知らない。

それが、後で述べるように経済や社会に大きな弊害をもたらしている。だが、誰もブレーキをかけられない。年金運用を中心にして、ひとつの巨大な運用システムとなってしまっているのだから。

エージェント資本主義の限界

これを、エージェント（代理人）資本主義の弊害という。かつての資本家たちは真のオーナーであった。ところが、機関投資家のファンドマネジャーたちは、年金などに雇われた運用代理人（エージェント）にすぎない。

代理人として、与えられた任務を果たすのが彼らの仕事である。すなわち、運用成績という無機質な数字をひたすら追いまわす任務だ。経済や社会のことなどは、そもそも考えることが許されないシステムとなっている。

余談ながら、「プロの経営者」といわれる人たちも同じジャンルに入る。彼らは、年金はじめ大株主から雇われた経営のプロである。与えられている任務は株主の利益最大化のみ。

経営のプロとかいうが、その会社の株価を上げるならば、なにをやっても良いという方向で経営にあたるだけ。その会社の長期的成長や社会経済への貢献など、ないがしろにしても構わないといった価値観で経営にあたる雇われプロなのだ。

＊　＊　＊

そういうことなら、年金そのものが企業のオーナーらしく、全体最適に責任をもつべきでは？　しっかりと経済や社会への配慮をした運用をすべしと、ファンドマネジャーたちに指示すればいいのでは？

そこで登場してきたのが、ＥＳＧ（環境・社会・企業統治）やＳＤＧｓ（持続可能な開発目標）といった概念である。どちらも、最近の流行となっている。

ＥＳＧすなわち環境や社会そして企業統括に、しっかり目配せした運用を目指すということだ。あるいは、ＳＤＧｓで持続性ある経済や社会の発展のための努力目標を掲げようという。

どちらも、これまで世界の機関投資家運用で、あまりにも部分最適の追求に走りすぎてきた。その反省から登場してきた概念である。

反省するのはいいが、資金運用やディーリングに明け暮れているのが機関投資家の運用の実態である。果たして、どれだけ運用の現場でＥＳＧやＳＤＧｓが守られるのだろうか？

そもそもからして、運用成績という無機質な数字をひたすら追い求めていて、どう経済や社会との調和をはかれるというのか？

とにもかくにも運用成績を上げろという任務を与えられているファンドマネ

ジャーたちが、果たしてどこまで自らの成績を抑えてでも、環境や社会を優先できようか？

たとえ運用会社のトップが、ＥＳＧとかＳＤＧｓとかで、どんなにきれいごとを並べようと、それはそれ。毎年の成績に追いまわされている運用の現場では、そんなこと構ってはいられないの一言だろう。

アクティビストたちの跋扈

ものをいう株主として、アクティビストたちの存在感が高まっている。これも、企業は株主のものとする、株主至上主義のしからしめるところといっていい。

早い話、アクティビストたちは狙いを定めた企業の株式を１％とか３％ほど取得しただけで、あたかもその企業のオーナー然として経営陣に圧力をかける。

連中は少数株主にすぎないのに、マスコミなどをフル動員して存在感を大きく見せる術に長けている。目的は、「その会社からいかに多くの現金を吸い取るか」だ。彼らは声を大にして、配当金を高めろとか自社株買いをして株価を上げろと迫る。

うまい具合に、年金などの運用者たちもアクティビストたちの要求に同調するケースが多い。増配や株価上昇は、自分たちの運用成績向上につながるからだ。

かくして、アクティビストたちは機関投資家の暗黙の同意を背に、好き放題の要求でもって経営陣に迫ることになる。

それに押されて、企業の経営陣は短期の利益最大化を目指さざるを得なくなる。長期視野に立った研究開発などの投資は抑え、事業部門の売却などで現金を捻出しては配当金にまわそうとする。

あるいは、ゼロ金利で資金はいくらでも借りられるからと、企業に多額の資金を調達させる。それでもって、自社株買いをさせれば株価は上昇する。そこまで企業を追い込んで、連中や機関投資家は、良き雇われ経営者よと満足する。

おかしな話である。本来なら、10%とか30%の株式を取得して臨時株主総会の招集を求める。その上で、出席株主数の過半数とか3分の2以上の賛成でもって議決すべきところである。

ところが、アクティビストたちはわずかな株式を取得しただけで、我がもの顔で企業経営を揺さぶるのだ。背後に機関投資家という「もの言わぬ」大株主が構えているとはいえ、会社法を逸脱したゴリ押しを強烈に通してしまうのだ。

これなんぞも、株主は絶対という概念が行きすぎてしまっている象徴であろう。まともな企業を食いものにする株主要求が、人々の生活すなわち実体経済の価値観から、どれだけかけ離れたものとなっているか。猛反省を促したいところである。

そういった不合理や不条理も、来る金融バブル崩壊でアクティビストたちが吹っ飛び、一気に局面打破となってくれる。筆者は、そう期待している。

年金運用が惨たんたる状況に？

来る金融バブル崩壊で、マーケットや経済の現場は大混乱に陥る。そのあたりは、前の章で書いてきた通りである。

ここで、あえて書きたいのは、機関投資家の運用全般に抜本的な見直しが迫られるだろうという点である。年金などが巨大な存在となってきているが、その足元が激震に揺らぐのだ。

どういうことか？　現在進行中の金融バブル崩壊で、債券市場も株式市場も大暴落は避けられない。それにつられて、あらゆる金融商品も収拾のつかない売り圧力にさらされよう。

ということは、機関投資家の運用現場のほとんどすべてで、巨額の投資損失が発生する。また、暴落後の売るに売れない状況下で、投資勘定の評価損がどんどん膨れ上がっていく。当然のことながら、運用成績は惨たんたる状況に叩き落される。

その寸前までバブル膨れしていた年金などの資産が一気に収縮する。それどころか、あったはずの資産そのものにも大きな穴が空く。年金のみならず、他の機関投資家の資産も、同様に大きく傷む。

一方、そうなっても、高齢者への年金給付などの支払いは、なんら変わることなく続けられる。年金の運用現場は巨額の投資損や評価損で大混乱に陥っているが、年金給付は定められた通り続いているのだ。

資産は激減したのに、資金の流出は高水準で続いている。大けがしたのに、出血がなおも続くのだ。そのうち、年金などの資産の純減が大きな社会問題となっていこう。

人々の老後資産の運用が大きく傷つき、その横で老後資産がみるみる純減していっているのだ。年金運用全体に対して、厳しい現実が突きつけられる。

国も中央銀行も打つ手なし?

実は、リーマンショックの時も、「マズイことになった。このままいくと、世界の金融システムも年金資産も大崩れしかねない」といった懸念が出てきた。

それに対し、先進国中心に大々的な金融緩和と無制限の資金供給でもって、マーケットの崩落を一致団結して食い止めた。

証券化商品などが複雑に絡み合った金融マーケットの一角にでも穴が空けば、全体もガタ崩れとなる。そこから先は、すべてが奈落の底へ転げ落ちていく。

それはなんとしても阻止しなければと、先進各国は共同して行動した。当時、一番もろいとされていたギリシャやポルトガルなど小国の破たんを必死に食い止めようとしたのが、その表れである。

さて、今回はどうだろう？　先進各国は、リーマンショックで大盤振る舞いをした。そこへコロナ危機で、リーマンショックをはるかに上まわる金融緩和と資金の大量供給に走った。

その結果、たとえば米ＦＲＢの財務はＧＤＰの約36％にまで、ＥＵは約60％にまで膨れ上がった。日銀に至っては、日本のＧＤＰの１・３倍にまで財務を膨らませてしまっている。

通常は、中央銀行の財務はＧＤＰの10～20％水準にある。それと比べ、どれだけ異常に膨れ上がっているのか考えてもみよう。

各国の財政赤字も拡大の一途で、国債の増発が続いている。いまや財政赤字を賄うための国債発行、つまり財政ファイナンスが、各国で公然と語られはじめている。日銀に至っては、すでに国債発行残高の54％を保有している。

それでも、さらに金融緩和と大量の資金供給を強行して、金融バブル崩壊を食い止めようとするのか？

おそらくだが、もはや食い止めきれないだろう。溜りに溜ったマグマの規模は、リーマンショック時をはるかに上まわっている。

これだけ金融マーケット全般がバブル膨れしてきたのだ。それが吹っ飛ぶとなれば、どれだけ巨額の資金を供給すれば崩壊を食い止められるのか、想像を絶する。

そこへ、長期金利が急上昇してきているのだ。各国政府も中央銀行も、今度こそは打つ手なしの状況に追い込まれるのではなかろうか。

日銀の株式ＥＴＦ購入、どう処理するのだろうか？

日銀が株式ＥＴＦの購入に踏み切ったのは２０１０年12月のことだ。当初は年間４８００億円ほど、それも実に慎重な購入姿勢だった。

それが、8年前に黒田総裁となってからは、株式ETF買いのピッチが一気に上がった。年間の株式ETF購入の目安を6兆円へ、そして12兆円へと引き上げていったわけだ。

いまや日銀は簿価ベースで35兆円の株式ETFを保有しており、日本最大の株主に躍り出た。昨年末には、世界最大の年金基金であるGPIF（年金積立金管理運用独立行政法人）の株式保有をも上まわった。

そもそもは、低迷している日本の株価を下支えしようという政策に沿って、日銀もなにかできることはないのかといったものだった。その流れで、日銀による株式ETF購入ははじまった。

その政策意図は、ずっと底流にある。それが、徐々に株式ETF購入で株価上昇を促せば、資産効果を生み消費底上げと経済成長に寄与するという政策方向に変わっていった。その延長戦上に、日銀が目的とする2％インフレの実現もあるというわけだ。

また、黒田総裁は日銀の株式ETF購入を通して、市中への資金供給を拡大させる政策を強調するようにもなった。国や日銀の金融緩和政策を、より強力に押し進めるためにも、株式ＥＴＦ購入を積極化させるという論理だ。

株価対策なのか、金融緩和政策の一環なのか、どちらにしても中央銀行が株式保有にのめり込むのは異常である。先進国では日銀をおいて他に例をみない。

そもそも、どこの国の中央銀行も市中への資金供給を増やす政策の一環として、市中から国債はじめ金融商品を購入する。それは、満期償還で現金化できるという歯止めがあるからだ。

たとえば、どれだけ多額の国債を購入していたところで、満期が到来すれば現金となって戻ってくる。したがって、国債など期限付きの投資勘定は現金に近い扱いとすることができる。

ところが、株式や株式ＥＴＦの保有になると、満期というものがない。ということは、市場を通すなりして売却することでもって、現金を回収するしかない。

いざ売却となった段階で、投下した資金がそのまま回収できるという保証はない。その時の株式市場の動向次第では、投下資金が大幅に減価していたということも、十分にあり得る。

そういったリスクを考慮すれば、中央銀行が株式や株式ＥＴＦを購入するなど論外ということになる。それが、世界の中央銀行の常識である。

しかるに、日銀はそういった常識を無視して、35兆円も投下して株式ＥＴＦを買い込んだわけだ。

たまたま現時点では、カネあまり株高バブルもあって、時価ベースで40兆円を超す投資勘定となっており、巨額の評価益を抱えている。それで、さして懸念材料ともされてはいない。

しかしながら、とんでもない楽観である。そんな評価益など金融バブル崩壊で、一夜にして吹き飛んでしまう。それどころか、保有している株式ＥＴＦが巨額の評価損に一変して、日銀の財務を大きく傷めかねない。

もっと悩ましいのは、積み上げた巨額の株式ＥＴＦの保有ポジションを、一体どうやって解消するかだ。日銀が保有している株式ＥＴＦを、ほんのちょっとでも売ろうとする意向を示すだけで、株式市場は暴落する。

それは、**図表12**をみれば一目瞭然だろう。直近までの株価上昇に対し、日銀による株式ＥＴＦ購入がどれだけ大きく貢献してきたか、誰の眼にも明らかである。

図表12

日銀の株式ETF購入と株価上昇

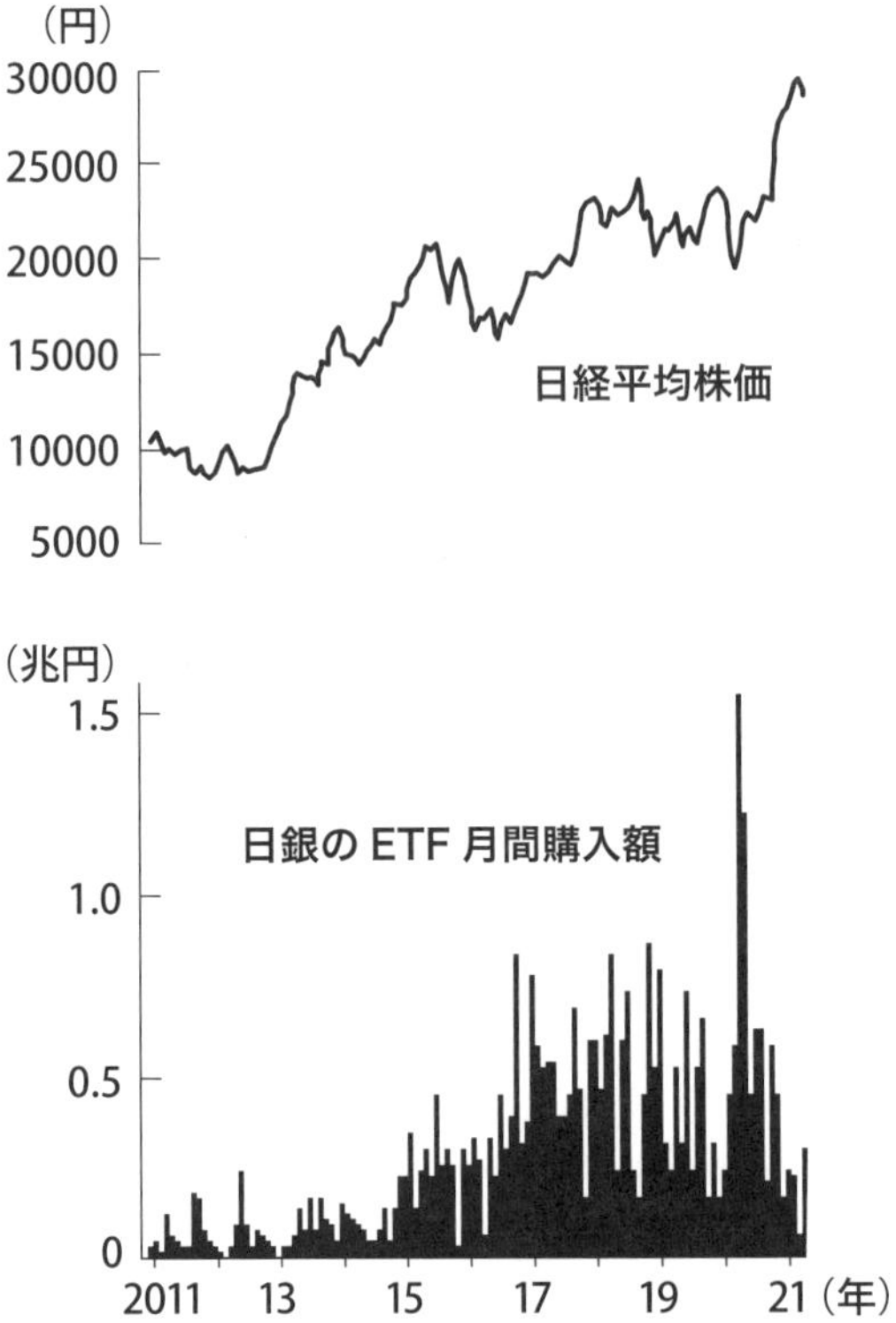

（出所）ニッセイ基礎研究所、QUICK。

（日本経済新聞 2021年4月22日）

その日銀が株式ＥＴＦを売却するとなると、株式市場のみならず投資家全般にどれだけ大きなショックを与えることか。そもそも、そんなに巨額の株式ＥＴＦを市場で売却できるのかどうか。

一部では、世界最大の年金基金であるＧＰＩＦに買い取らせればといった案が出ている。恐ろしく無責任な話である。

日銀だろうとＧＰＩＦだろうと、35兆円もの株式ＥＴＦを簡単に売却できるわけがない。かりに、ＧＰＩＦがそのお荷物を引き受けたとしても、公的年金の運用にどれだけプラスとなるのか、はなはだ疑問である。

とにもかくにも、大きな火薬庫を抱え込んでしまったのは間違いない。

バイデン政権の大幅増税

日本の財政赤字は先進国でも最悪の状態を独走している（対ＧＤＰ比）。また、国の借金は2021年3月末で1216兆円となっている（対GDP比で2・3倍）。コロナ禍で財政出動が拡大したこともあり、この1年間だけでも国の借金は101兆円も増えた。

それでも、日本は巨額の経常黒字をベースに、まだいまのところは世界最大の債権国の座を保っている。

一方、米国は以前から世界最大の債務国だが、世界の基軸通貨であるドルを抱えている有利さを享受している。なにしろ、新しく刷るドル紙幣の60%強は即座に米国外へ流れだしているといわれるように、ドル紙幣という強力な輸出商品を持っているのだから。

その米国だが、財政赤字額は米国経済の規模と同様やはり世界一である。そこへ、昨年からのコロナ禍で、1兆ドル規模という巨額の財政支出を上乗せした。米国の財政赤字はさらに膨れ上がった。

そこで最近、バイデン政権が発表したのが、**図表13**に示したような大幅な増税案である。老朽化している国土インフラなどの整備を大々的に打ちだしたり、雇用創出や富の分配促進を謳っている。そのための増税だ。

図表13

バイデン政権の増税案

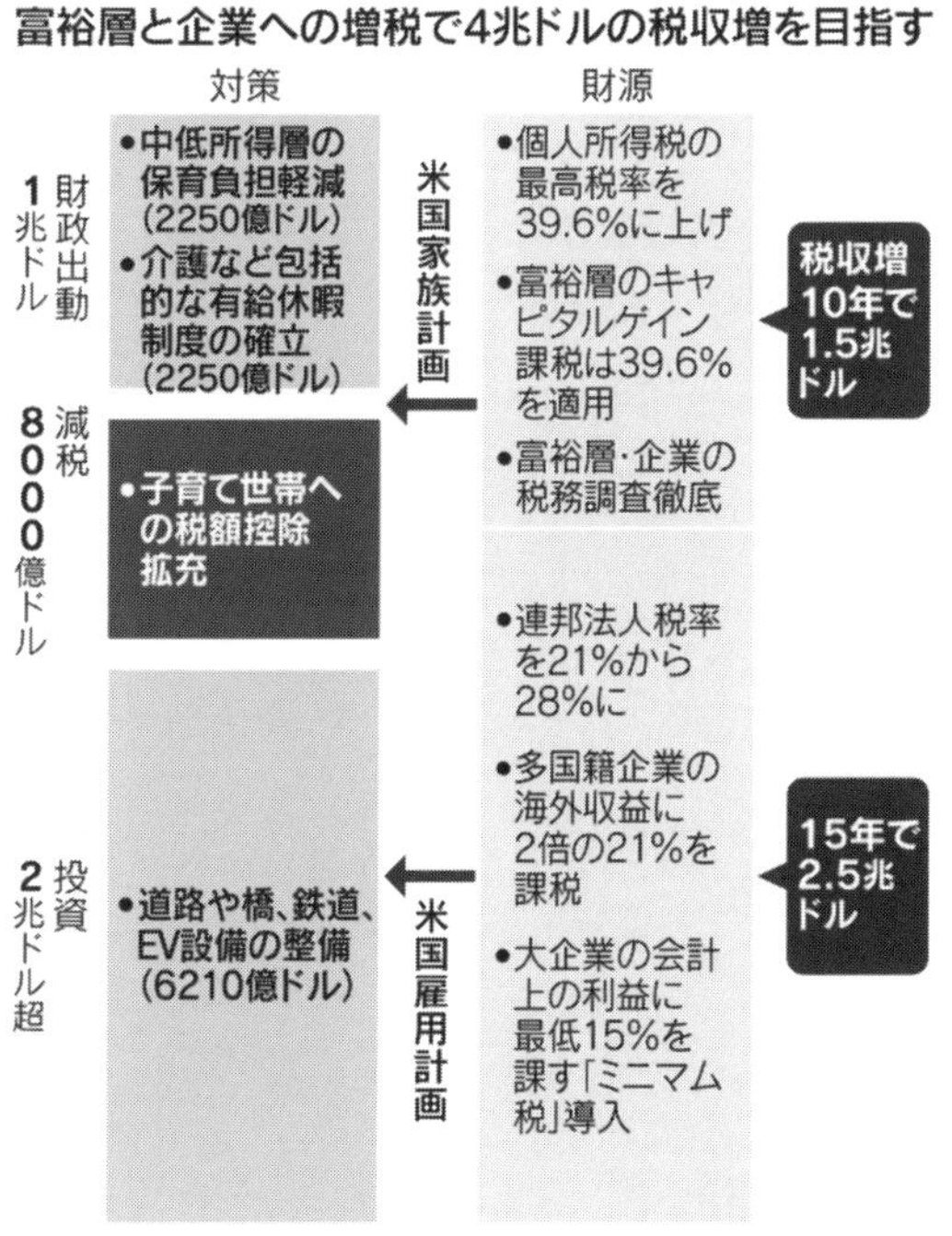

(日本経済新聞 2021年4月29日)

- 「雇用計画」や「家族計画」で4兆ドル規模の財源が必要
- それに対し、個人所得税や法人税、それに金融所得課税の引き上げを検討さらには金融取引税の税率引き上げも唱えはじめた。富裕層への富の集中に歯止めをかけるという点でも、米国社会の支持は結構高い。ただ、共和党の反対は根強く、どこまで実現できるか興味深く見守りたい。

ともあれ、大幅な増税という方向は正しい。いずれ到来する長期金利の上昇で、国債の増発に頼った財政運営は一気に厳しくなる。となると、増税に頼るしかなくなるが、それに対しバイデン政権は先手を打ってきたわけだ。

一方で、インフラ整備を主目的とした大規模な増税、他方で富裕層を狙い打ちした金融取引税の引き上げの意義は大きい。どこまで強力に推進できるか次第だが、米国経済や社会に活力が増す可能性が高い。また、大いに期待したい。

もちろん、その先では金利上昇が待っている。こちらは、金融バブル崩壊による債券価格の暴落が引き起こす長期金利の上昇とは違って、より健全なる金利上昇である。

より健全？　そう、金利をゼロにして経済を動かすといった、これまでのバブルを発生させるだけの政策とは違う。

金利は経済活動の原点であり、経済活動における需要と供給の調整役である。その機能が復活するのだ。つまり、金利の正常化だ。

案外と米国経済は、世界に先がけてコロナ不況のみならず、金融バブル崩壊の大混乱を乗り切るのかもしれない。インフラ投資などを加速させながら、その財源を増税で確保することで、国の借金はそれほど増やさないで米国経済に活力を取り戻そうとしているのだ。


ひるがえって、日本では財政赤字拡大や国の借金増加のドロ沼にズルズルと沈んでいっている。コロナ対応や目先の経済活性化に追われるばかりで、財政健全化の声はさっぱり聞こえてこない。

この30年間の「問題先送りと後手後手の対応」と同様の、将来戦略のないパッチワーク政治を、日本はこれからも繰り返すつもりなのか？

マネー資本主義の終焉と歩調を合わせて、日本経済はさらに弱体化を加速させるのだろうか？

夜明けと資産形成 III

第7章

いよいよ実体経済への回帰だ

大混乱の地獄から、新しい経済の息吹が

　ここまでは、もはや時間の問題ともいえる金融バブルが崩壊した時のひどさを、いろいろな角度からみてきた。金融マーケットはもちろんのこと、経済や社会のあらゆるところに大きな傷跡を残すことになろう。

　経済や社会がすごい大混乱に陥るのは覚悟しておこう。この40年ほど、世界経済はずっと金融緩和と資金供給を増やす政策の下、「マネー膨れ」の道をたどってきた。それが行きつくところまで行ってしまってのバブル崩壊だ。

　なにもかもマネーを主体としてきたが、その価値観は吹き飛ぶ。マネー膨れ経済は金融マーケットを大活況にし、一部の富裕層へ富の集中をもたらしただけのこと。国民経済的にはさしてプラス効果はなかった。

　それなのに、金融バブルが崩壊するや、その被害は国民経済全般に及んでいくの

だ。なんとも不条理で解せない展開となっていく。

すなわち、バブル崩壊後に残された巨額の債務負担に、経済も社会も苦しむことに。そういった大混乱をともなって、マネタリズム政策は総清算を迫られるのだ。

金融バブル崩壊による大混乱の中、悲惨な焼け跡ともいえるガレキの間から、新しい経済の息吹がみえてくるはず。生命力のある個人や企業は、いつの経済や社会の大混乱においても、それをものともせず浮上してくるものだ。

ひとつずつみていこう。

甘ったれた企業経営が吹っ飛ぶ

まず株式市場でみてみると、株価全般の大暴落による資産デフレが、経済活動のあちこちで信用収縮そして金利上昇を引き起こす。その渦中で、びっくりするほど多くの企業が市場から消えていこう。

大量の資金供給とゼロ同然の金利に甘えてきた企業にとっては、金融バブル崩壊によって信用供与の機能が収縮し、金利が上昇してくれば致命的な打撃となる。資金繰りが一挙に厳しくなるし、金利コストが跳ね上がるのだから、どうしようもない。

日本の場合でみると、1990年の土地や株式投機のバブル崩壊から、もう30年が過ぎた。その間ずっと、「企業を潰させない」を優先した政策で、企業や金融機関に甘い経済運営が続けられてきた。

90年代に入ってバブルが崩壊した当初は、企業や銀行が連鎖倒産しだしたら大変なことになる。信用不安や大量の失業発生は、なにがあっても阻止しなくてはならないで、政官民が一致した。

その後も、資金を大量に供給するわ、ゼロ金利政策へ移行するわで、企業経営にとっては楽で甘い政策をずっと続けている。これほどまでに弛んだ事業環境では、どんな企業でもやっていけるし、まともな企業であっても経営は緩んでしまう。

その結果が、日本企業の生産性は先進国の中でもダントツに低いという不名誉な評価となっている。当然のことながら、日本経済の成長力は一向に高まらない。

こんなダラけた状態を、いつまで続けるつもりなのか。そう憤ったり、ウンザリしてきたが、日本の政治は問題の先送りで時間と予算を浪費するばかりだった。
そんなところへ、黒船の襲来となる。それが、金融バブル崩壊である。

どの企業も自助の経営が求められる

たしかに金融バブル崩壊は、金融機関や機関投資家のみならず多くの企業に対しても大打撃を与えよう。しかし、その打撃が甘ったれた企業経営に活を入れることになるのだ。

引き金となるのが、信用収縮と長期金利の上昇である。これは、金融緩和政策に甘えてきた企業や、税金で食っているだけのようなゾンビ企業にとっては、きつい鉄槌となる。なにしろ、突如として自分の力で生きていけと迫られるのだから。

後述するが、来る金融バブル崩壊では、国も中央銀行も救いの手を差し伸べることはできない。国も中央銀行も、お尻に火のついた状態に追い込まれていて、企業の救済どころではなくなるのだから。

ともあれ、自分の力で生きていくのは企業や金融機関の経営にとっては、当たり前のこと。資金繰りや金利コストに鍛えられてこそ、自助自立の経営がしっかりとしたものになっていく。

それができない企業は、どんどん淘汰されていく。自由競争経済の厳しいところだが、それでもって経済の足腰は強くなるのだ。

甘ったれた経営環境が吹っ飛ぶことで、バブルに踊ってきた企業や金融機関そして、ゾンビ企業の多くが姿を消していくことになる。倒産の嵐は避けられないが、日本経済再生に向けては避けて通れない道と覚悟しよう。

とりわけ、この30年間ずっと日本経済の重荷となってきたゾンビ企業が、ひとまとめに淘汰されていくのは大きい。懸案だった日本経済の生産性向上に大きなプラスとなる。

表現は悪いがダメ企業が潰れていくことで、良き競争が戻ってくる。それが日本経済の活性化につながっていく。また、より元気のある企業へと、労働力が自然と移転していくことにもなる。

それにつれて、経済成長率が高まり、税収の増加や財政の健全化にもつながっていく。

余談ながら、人口減少による労働力不足が日本経済の成長にブレーキとなっていると、ずっと騒がれてきている。その一因は、国の補助金や税金で食っているだけのゾンビ企業や団体組織が、貴重な労働力を大量に抱え込んできたからだ。

そのあたりが淘汰整理されれば、働き手不足はずいぶんと解消される。また、税金のムダ遣いも大幅に削減できる。

債券市場の暴落で、モラルハザードが一掃される

次に債券市場をみてみよう。バブル崩壊で債券価格は一方的な下げとなる。それによって、債券の流通利回りすなわち長期金利が上昇し、企業の資金調達を厳しくする。よほど格付けが高く信用力のある企業でないと、債券発行ができなくなる。

もちろん、金利水準も高くなってくるから、金利支払い力のない企業は債券市場から次々と蹴落とされていく。ましてや、信用力の低いジャンク債などの出番はなくなる。

金融バブルに踊っていた当時は、金融マーケットや経済の現場でモラルハザード（節度や道徳観の欠如）が横行した。どんな企業でも資金調達ができたし、投資家たちも利回りが稼げるのならと、なんでもかんでもダボハゼ的に買いまくった。

世界的なカネあまりをいいことに、「ポッと出の」実績はなにもないような企業にも多額の信用が供与された。そういった企業が株式を公開すれば、必ず儲かると信じて疑わず、個人も機関投資家も競うように買い群がった。

また、信用力を裏付ける格付けなど無視で、ジャンク債などが飛ぶように売れた。金融機関の間では、オプション取引やスワップ取引といったデリバティブも、どんどん複雑で難解なものにシフトしていった。

そこには、リスクの意識も倫理感覚も、まるでなし。ひたすら、マネーの増殖にのめり込んでいく。自分さえ儲かればで、他の人や社会への配慮など一切お構いなしで突っ走った。

それが金融バブル崩壊で、債券市場においては信用力ならびに、元本返済や金利支払い能力で、厳しいチェックがなされるようになるのだ。巨額の資産デフレ発生で、信用が収縮し長期金利が上昇してきたのだから、それは当然のこと。

経済は信用で動いていると書いてきたが、信用供与の基準が本来の姿へ戻る。すなわち、しっかりしたリスク計算ができるところへのみ、信用が供与されることになる。かくして、バブル買いしていた頃に横行したモラルハザードは一掃される。

債券は金利裁定商品の典型だから、債券バブルが崩壊し、長期金利が上昇してくると、自ずとモラルハザードなど通用しなくなる。債券市場にようやく規律とリスク計算が戻ってくるわけだ。

＊　＊　＊

そう、いずれ襲来する金融バブルの崩壊では、株式市場や債券市場を主舞台として、マーケット参加者の大掃除が進むことになるのだ。それを考えると、世界経済が一時的には地獄の大混乱となったとしても、長い眼でみれば安いものである。

それは、他の角度からもいえる。

金利の復活で、経済活動はまともに戻っていく

先進各国そして中央銀行は、大々的な金融緩和とゼロ金利政策が景気浮揚や経済成長に有効と信じて疑わない。多くの経済学者も、そういったマネタリー政策を是とする方向で理論を展開している。

しかしながら、実際にマネタリー政策がどのくらいの成果を上げたかとなると、大いに疑問が残る。この40年ほど先進国中心にマネタリー政策をどんどん深堀りしてきたが、成長率はむしろ鈍っている。

唯一の成果といえるのは、世界の金融マーケットが大活況となったことぐらいだろう。今回も前代未聞の規模でカネあまりを演出してきて、すさまじいバブル化が進んだ。

それが、一部の富裕層へ向かって、富がますます集中する現象をもたらした。反面、中間層の没落や国民全体の低所得化は、先進各国でどんどん進んでいる。いわゆる貧富の格差拡大だ。

生活が苦しくなった人たちつまり社会的弱者は、社会のネット化やデジタル革命の流れに乗り遅れたからだとかいわれるが、一概にそうとは決めつけられまい。それ以上のスピードで、一部の人たちへ富の集中が進んでいるのだから。

ともあれ、金融バブル崩壊で、そういった金融を緩和し資金さえ大量に供給すればのマネタリー政策に鉄槌が振り落とされることになる。

最近いわれているヘリコプターマネーとか、現代貨幣理論（MMT、Modern Monetary Theory）とか、いろいろな理論もろとも売り地獄に叩き落されよう。

ヘリコプターから札束をバラ撒けば、消費が拡大して経済は成長すると主張し、現金給付を大幅に増やせというのがヘリコプターマネー論者である。一方、国債が発行できる限り財政赤字はどれだけ膨らんでも構わないとするのが、ＭＭＴ理論である。

どちらも、バブル発想そのものである。

ともあれ、来る金融バブル崩壊で売り逃げが集中しだすや、もう国も中央銀行も流れを止められない。あっという間に長期金利は上昇する。その先では資金不足や信用収縮が待っている。マネタリー政策が完膚なきままに叩き潰されるわけだ。

これまで40年ほど、ずっと「マネー膨れ」を続けてきた世界経済だが、マネタリー経済政策とは一体なんだったのか？　いかに中身のないものだったか、それらが露呈するのだ。

金利は正常化へ

長期金利の上昇は、金利正常化に向けての第一歩となる。なにしろ、財政赤字の急拡大にも平気な顔をしてきた先進各国も、長期金利の上昇で、いよいよ国債の増発にブレーキがかかる。もうおいそれとは、財政資金のバラ撒きに走れない。

どういうことか？　債券バブルが崩壊して長期金利が急上昇すると、市場での債券売り圧力が高まる。そんな中で、いくら政策当局が再びゼロ金利に誘導しようとしても、もはやマーケットが許してくれない。

大量に資金供給してゼロ金利に誘導しようにも、低金利の短期国債など誰も買ってくれない。なにしろ、市場には高利回りとなった国債などが安値で放置されているのだから。

片や長期金利の上昇で、財政支出のための国債発行は難しくなってきた。片や、短期国債の発行も金利上昇でブレーキがかかってしまった。国としては、打つ手が大幅に制限されるハメに陥る。

一方、各国の中央銀行も厳しい立場に追い込まれる。これまでは大量の資金供給を実施すべく、国債や住宅ローン債権などを、それこそ無制限に市場から買い上げてきた。

ところが、それまでに買い込んできた金融商品のどれもこれもが、金融バブル崩壊で大幅に値下がりした。いまや、巨額の評価損を抱え込んでしまったのだ。

それは中央銀行の財務の劣化であり、信用力の低下を意味する。すなわち、通貨価値の下落に直結する。

ここまで、それこそ無制限に資金を供給してきたから、お金の価値は相当に下がっていた。そこへ、通貨を発券管理しているはずの中央銀行が、自らの信用力を大幅に低下させてしまうのだ。完璧なるダメ押しとなる。

もう、いつインフレの火が燃え広がりだしてもおかしくない。そうなると、インフレ対応に追われ、これまでのような無制限の資金供給は不可能となる。つまり、中央銀行といえども打つ手なしとなり、市中の金利は上がるがままとなる。

インフレの火は燃え広がるわ、金利は上昇するわで、収拾のつかない大混乱になってしまうのか？

いつのインフレ時も、経済や社会は大混乱となる。モノやサービスの価格体系がズタズタになり、2～3年は経済の現場が混乱するのは避けられない。

実は、その間に債券売り地獄と金利上昇のるつぼの中で、需要と供給が調整されていくのだ。そう、大混乱の中で金利が落ち着くべき水準を求めはじめると考えていい。

これが、金利の正常化である。世界が国や中央銀行の政策に引きずられずに、まともな経済活動を中心としたものに戻っていく第一歩となる。

各国の財政は窮地に追い込まれる

ここまでも繰り返してきたが、現在進行中の金融バブルは買って買いまくってきた重みで、いつかは熟柿が落ちるように崩壊していく。なにか外部要因が引き金となってもいいいし、ごく自然体の落下でもいい。

いざバブル崩壊ともなると、前代未聞の規模で大量の資金をバラ撒いてきただけに、反動の下げも想像を絶するひどいものとなろう。

それが先進各国の財政を直撃しよう。

まず、債券市場が暴落することによって、長期金利は急上昇する。およそ、38年間にわたって上昇相場を続けてきた世界の債券市場だ。その崩れは、すさまじい規模の債券売りをともなったものになる。

ここまで買って買いまくってきた債券を、売って逃げようとする投資家が各国の債券市場に殺到する。ものすごい売り圧力にさらされて、長期金利は急上昇し米国・EU・日本のゼロ金利政策は木っ端みじんに吹き飛ばされることになるだろう。

次に、長期金利の上昇は各国の財政運営を窮地に追いやる。これまでも、リーマンショックやコロナ禍で、先進各国は財政赤字をどんどん膨らませてきた。それもゼロ金利政策を敷いてきたからのこと。

金利コストはゼロ同然で、国債をいくらでも増発できた。ところが、いまや金利は上昇に転じた。1％でも2％でも金利が上昇した分は、まるまる国債の金利コスト増となって財政を直撃する。

たとえば、第5章でも書いたが日本でみてみると、今年度の新規国債発行と既発国債の借り換え分を合計すると190兆円にもなる。その支払いコストだが、金利が1％で1・9兆円だ。

もし、バブル崩壊で長期金利が5％に上昇したら、今年度の国債金利支払い額は9・5兆円へと跳ね上がる。それが、今年度の財政赤字43兆円にずっしりと上乗せされるのだ。とんでもない財政逼迫状態を招くことになる。

それだけでは終わらない。新規国債を発行しようにも、それが著しく困難となるのだ。長期金利は上昇してきているのにも構わず国債発行を強行すれば、さらなる金利上昇を招いてしまう。

さあ、どうするか？

赤字財政を賄うには国債発行に頼らざるを得ない。しかし、国債の発行コストは跳ね上がってしまった。それでも、国債発行による財政資金の調達を強行すると、財政赤字はさらに膨れ上がる。とんでもない悪循環に入ってしまった。

こうなってくると、もはや財政出動で資金の大盤振る舞いをするどころではない。国債の増発に頼ってきた国の財政運営そのものに、赤信号が点灯する。

さて、どうするのか？　大幅増税に走るか、財政支出の徹底的な切り詰めか、またはその両方を断行するしかなくなる。いずれにしても、これまでの放漫財政は許されなくなる。

もちろん、バブルに踊った企業や金融機関などの救済も、すべて棚上げされよう。金融バブル崩壊でいくら悲鳴が上がったところで、国の財政そのものが火の車となっているのだ、ない袖は振れない。

ガラガラポンも起こり得る

先進各国の財政運営が相当に厳しくなる。大幅増税と財政切り詰めで、どこまで財政赤字を賄えるのかだが、そう簡単な話ではない。

日本でみると、今年度予算106兆円のうち年金や医療費などの社会保障費は、およそ36兆円にもなる。この歳出項目は高齢化の進展もあって、毎年1兆円ずつ膨れ上がっている。それを減らすのは、社会的に難しい課題となる。

一方、予算に占める国債費はおよそ24兆円だが、ゼロ金利の現状において、なおこの数字だ。金利上昇ともなると、この国債費が一気に跳ね上がるのは避けようがない。

社会保障費と国債費を合わせると、およそ60兆円になる。それは、今年度予算の56％を占める巨大な歳出勘定となっているが、このふたつは今後も増えることはあっても減ることは考えられない。

となると、残るは46兆円の政府一般歳出の中から、一体なにを削ればいいのかだ。**図表14**に今年度の当初予算の構成内訳を載せておいた。どれもそう簡単には削れず、難しい問題が残る。

反面、増税もそう簡単ではない。米国バイデン政権のように今後5年間で100兆円を超す税収増を目指すといった大きな政策を、果たして日本も打ちだせるのかどうか？

かりに消費税を現行の10％から、欧米主要国の付加価値税のように20％まで引き上げても、20兆円の税収増でしかない。財政赤字額の半分弱だ。

ところで、法人税収入が9兆円と、びっくりするほど低い。むろん、それは日本経済の低迷が主因である。景気低迷と企業のビジネス活動の停滞は、ニワトリと卵の関係にあるが、法人税収の伸び悩みには直結する。

しかし、日本の政策がゾンビ企業の淘汰どころか、むしろ温存に重きを置いてきた面も否めない。

ゾンビ企業とは、文字通り国の補助金や各種助成策で事業を展開する。あるいは

図表14

令和3年度予算の構成

歳出	社会保障費	35.8兆円
	国債費	23.8兆円
	小計	59.6兆円
	公共事業	6.1兆円
	文教および科学振興	5.4兆円
	防衛	5.3兆円
	新型コロナ対策予備費	5.0兆円
	地方交付税交付金等	15.9兆円
	その他	9.3兆円
	合計	106.6兆円
歳入	所得税	18.7兆円
	法人税	9.0兆円
	消費税	20.3兆円
	その他	15.0兆円
	公債金	43.6兆円
	特例公債	37.3兆円
	建設公債	6.3兆円
	合計	106.6兆円

（出所：財務省）

租税特別措置法などで税優遇されている企業を指す。さらには、会計のやりくりで税金をほとんど支払っていない企業も入ってくる。

本来なら、ゾンビ企業などの温存に税金をムダ遣いすることなく、企業間競争を高めさせて経済成長を促すべきである。それが日本では、業者行政の伝統が根強く残っていて、どうしても法人税収は低めとなってしまう。

ともあれ、日本の財政運営は相当に厳しい状況にあると考えておこう。時と場合によっては、ガラガラポンも起こり得る。

ガラガラポン？　そう、日本経済運営の仕組みが根底からガタガタと崩れてしまう可能性だ。そうなると、なにごとにも国頼みや国まかせの甘えは通用しなくなる。もちろん、補助金漬けの行政は吹っ飛ぶし、政治家の利権も既得権もなくなる。

残念ながら、毎日の生活にも大きな影響が及んでくる。国の財政運営が行き詰まってくると、行政サービスもあちこちで支障をきたす。ゴミの収集など、あって当たり前としてきた行政サービスが滞ることにもなる。

生命力や生活力のある経済主体が浮上してくる

国の経済運営全般がガラガラポン状態となってくるや、そこから先は個々の人間や企業などの生命力や生活力の問題となってくる。経済主体それぞれが国や制度に頼ることなく、いかに自力で生きていくかが問われる。

もともと自助自立は経済活動の原点である。自分の飯は自分で働いて稼ぎ出せだ。国とか制度に甘えることなく、自分の食い扶持は自分で稼ぐ。その当たり前の当たり前を、個人も企業も突然に突きつけられることになるのだ。

しばらくは、経済の現場も大混乱に陥るし、価値観の変化に面食らう人も続出しよう。しかし、混乱は時間の問題で収まっていく。

その先に、新しい経済というか、実体経済をベースとした本来の経済の姿がみえてこよう。金融がリードしてきた、浮ついてケバケバしい経済活動ではない。より落ち着いたしっとりとした経済の姿がみえてくるのだ。

実体経済をベースとした本来の姿？　そう、ごく普通の経済活動のことだ。そこでは、個人も企業も社会に対し、どれだけ富を生みだすかが問われる。

社会に富を生み出した報酬が、収入となっていく。それでもって、個人の生活や企業の経営が成り立つ。この繰り返しが、経済活動である。

いつでも問われるのは、社会にどれだけ富を生みだすかだ。実体をともなったものだから、当然のことながら、「ありがとう」とか「おかげさまで」といった、感謝の言葉がついてまわる。だから、しっとりとした経済社会ができていくわけだ。

＊　＊　＊

なのに、これまでのようなマネー主体の経済では、お金がお金を生むといった価値観が、どうしても前面に出てくる。社会に向けて富を生みだすのではなく、自分の儲けをトコトン追求することに価値を見出そうとするのだ。

したがって、金融金融といっていると、金儲けの暴走がはじまって止まらなくなる。

金儲けに突っ走っている連中は、金融工学や高度なテクニックとかでもって、リスクはコントロールできると思い上がって、ブレーキがかからなくなる。

そういったマネーの暴走に油を注いだのが、大幅に金融を緩和し資金を大量に供給しさえすればのマネタリー政策である。なにもかも、マネーマネーで価値判断しようとする風潮だ。

そんなマネー至上主義が横行すれば、社会に向けてどれだけ富を創出するかなどはそっちのけで、皆が自分の儲けに走るのは当然のこと。

なんともおぞましい流れだが、そんなのが行きつくところまで膨れ上がったのが金融バブルである。それが崩壊してくれると、その反動でマネー至上主義が木っ端みじんに吹き飛んでしまう。

その後に残るのは、人々の生活すなわち実体経済である。

実体経済への回帰

経済なんて、人々の毎日の生活と、それを支える企業活動とが合わさったものにすぎない。いってみれば、人々の生活とそれを支える企業のビジネス活動とが、紙の表裏の関係となって動いている、それが経済活動の大半を占めるのだ。

そのベースとなるのが、生産と供給ならびに消費である。これは経済の本質部分であって、いかに世界がネット社会になろうと、デジタルトランスフォーメーション（DX）が進もうと、なにも変わらない。

あくまでも、人々の毎日の生活と、それを支える企業活動があってのこと。どちらにおいても、社会にどれだけ富を生んでいくかが問われる。

ところが、マネー至上主義で突っ走ってきた「マネー膨れ」経済では、どれだけ金儲けするかの数字の積み上げこそが善とされてきた。その善が、金融バブル崩壊で大きく崩れ去った。

代わって、実体経済の存在が再確認されることになる。こちらは、なにがあろうとも消えてなくなりっこない。まさに実体経済である。

早い話、来る金融バブル崩壊で、はっきりわかる。巨額の投資損失と資産デフレによる大混乱下でも、地球上78億人余の人々の生活は、なにも変わることなく続いている。また、その生活を支える企業活動も、一時として止まることはない。

それが実体経済であって、いつも中身がともなっている。お金のやり取りで得られる儲け、すなわち無機質な数字をひたすら追いかける金融経済とは、そもそもからして違う。

もちろん、金融経済をすべて否定するわけではない。人々の生活をより豊かにし、企業活動をより潤滑にする方向で、金融は大いに役立てられる。要は、いかに金融機能を実体経済の中で有効に働かせるかだ。

ともあれ、マネーマネーでやってきた、浮ついて短期の利益指向を是とする、ケバケバしい価値観が、はげ落ちてくれるのだ。

代わって、よりおだやかでしっとりとした生活や経済活動に、人々は価値を見出すようになる。

浮利と実利

昔から金融は浮利を追うものとして卑しめられてきた。額に汗して働く実労働と比べ、遊んで寝ていて金儲けするなんて生き方はおかしい。人間としても浅薄だと、みなされてきたりもした。

もちろん金融機能は、そんな薄っぺらいものでもないし、浮利を追うだけでもない。経済活動の潤滑油として、あるいはより効率化させるものとして、金融は不可欠なものである。

ただ、マネーマネーで浮利を追いかけまわすマーケットでのお金の分捕り合いも、古今東西それなりに存在感を示してきたのも事実。それが高じたのが、バブル現象である。

そういった浮利を追うマネー経済だが、最近のネット化やデジタル化社会とは案外と相性がいい。ネットを通せば、情報伝達で匿名性を確保しつつも、広く拡散できる。

いつも取引相手がいる通常のビジネスでは、長い付き合いを経ての信用がものをいう。しかるに、ネットを通したビジネスでは、接続してすぐさま取引成立なんていくらでもある。むしろ、そういった迅速性こそがネットビジネスの命でもある。

その流れでいくと、取引相手は不特定多数であって、取引成立は条件次第ということになる。取引相手の人となりや、信用力を確認する作業が不要となれば、マーケットでの金融取引と似てくる。

ディーリング運用の値ザヤ稼ぎも、まさに相手とするのは価格のみ。取引相手の氏素性などチェックもしない。その先では、ひたすら浮利を追いまわす明け暮れとなる。

＊　＊　＊

一方、浮利とは違って実利となるや必ず実感がともなってくる。満足といったものに置き換えてもいい。手にした製品に満足したり、受けたサービスに満足したり、それこそどんな満足でもいい。

それに対し、「ありがとう」とか「お世話になりました」とかの感謝の言葉を返したくなる。これが実体経済である。もちろん、その中にはネット通販による購買も入ってくる。家にいて、欲しいものが届けられた。これも、「ありがたい」ことである。

この「ありがとう」とか「お世話になりました」といった感謝の気持ちが飛び交う社会って、実に気持ちいい。それらが日常茶飯事のように繰り返される経済は、自然と落ち着いてしっとりしたものになっていく。

われわれの長期投資も、これと同一線上にある。浮利を追いまわす資金運用やディーリングなどとは違って、はじめから終わりまで実利を求めて、お金に働いてもらうのみ。

甘っちょろい？　青臭い？　いつもそういわれるが、「どうぞ好きに言ってくれ」

である。皆知らないだけだ。

長期投資でお金に働いてもらう意義も、ゆっくりと積み上がっていく資産額も、他の追随を許さないものがある。もちろん、社会や経済への貢献でも、われわれ長期投資家は十分に誇りをもっている。

そのあたり、そう本格的な長期投資にいよいよ入っていこう。

第8章

これが、長期投資のすごさだ

狂ってしまった、世界の投資運用

ちょうど半世紀にわたって世界の投資運用をみてきた。というか、世界の運用ビジネスの中で生き残ってきて、つくづく思う。世界の運用は完全に狂ってしまったなと。

狂ってしまった？　そう、投資運用というものが廃れて、資金運用にすぎないものが、あたかも投資面して街をのし歩いているのだ。先の章でも軽くふれたが、ここではしっかり書こう。

もともと投資運用というものは、Investment Managementといって、文字通り投資（Investment）という経済活動を行うことである。単に、金融マーケットで株式などの売買を重ねて儲けようといった軽いものではない。

投資という経済活動？　そう、将来の経済や社会をつくっていく方向で、お金に働いてもらうことだ。

将来の経済や社会をつくっていくという以上は、どんな経済や社会にしていきたいかが、まず問われる。「こんな経済や社会ができていったらいいな」といった夢や思い、そして願望があって当たり前。それがなくては、方向が定まらない。

次には「こんな経済や社会をつくっていくのだ」という強い意志が求められる。しっかりとした方向性と強い意志がないと、お金にまともに働いてもらえない。それこそ、根なし草のような働きに終始してしまう。

三番めに問われるのは、リスクを取る覚悟だ。将来の経済や社会をつくっていくといっても、いつも平坦な道を歩むとは限らない。むしろ、さまざまな壁や難関にぶち当たる方が多い。

そういった壁や難関をいかに乗り越えていくか、それが投資でいうリスクである。そこを乗り越えた先に、投資のリターンが待っている。壁や難関を前にして、ヘナヘナとなっては、将来の経済や社会をつくっていくどころの話ではない。

では、資金運用とは？　これは、Money Managementといって株式など金融商品の単なる売買である。目的は売買益を稼ぐこと、それだけである。これを、ディーリング運用ともいう。

ディーリング運用も経済活動の一環ではあるが、その働きはマーケットでの流動性を高めるぐらいの役割に留まる。投資運用で求められる方向性や意志などは無用。むしろ邪魔になる。ひたすら値ザヤ稼ぎを求めて無機質な売買を繰り返すだけなのだから。

戻るが、世界の運用は一体どう狂ったのか？　世界の投資運用が資金運用主体にシフトというか変容してしまったことだ。そして、投資運用とりわけ長期投資が、絶滅危惧種的な存在にまで追いやられたことだ。

年金運用という巨大システム

どうして、そんなことになってしまったのか？　これは第3章で詳述した通りだ。年金運用を中心として、世界中のほとんどの機関投資家が、毎年の成績がすべてという方向に追いやられた。

ちなみに、「毎年の成績を追いかけるなど、投資でもなんでもない。正々堂々と10年単位、すくなくとも5年ぐらいの成績でもって運用能力を評価しようではないか」と正論をぶつけてみたところで、まったく通用しない。

そう訴えたところで、マーケティングのビジネスに様変わりしてしまった世界の運用業界では、誰も聞く耳をもたない。5年とか10年とかの時間軸を持ちだされたら、これでもかこれでもかのマーケティングで稼ぎようがないのだから。

また、年金サイドから「いやなら、年金ビジネスを運用するのはあきらめろ」といわれたら、それで終わり。運用会社にとっては、飯の食い上げとなる。

かくして、1980年代も終わり頃には機関投資家の運用といえば、「毎年の成績を追いかけるもの」という考えが定着した。

すなわち、昔からの投資運用は欧州大陸系のプライベートバンキングなど一部で細々と残っているだけとなってしまった。代わって、世界の機関投資家運用の大半は資金運用へと鞍替えしてしまったのだ。

資金運用の世界では、マーケットでの価格変動を追いかけて、ひたすら値ザヤを稼ぐのを目的とする。日々のディーリングが経済や社会にどんな影響を与え、どう貢献するかなど、まったく関心なしだ。

そういった資金運用やディーリングが、世界の年金運用を中心として、巨大なシステムとなってしまった。

そこでは、運用資金獲得の激しいマーケティング競争、毎年の成績評価に追いまわされる運用、すこしでも成績向上につなげられるならの飽くなき運用報酬引き下げ圧力などのガンジガラメが、巨大なシステムとなってしまっている。

この年金を中心とした巨大運用システムは、もうほぐしようがない。なにしろ、どの運用会社もマーケティング部門が牛耳っている。そして、ディーリング主体で毎年の成績を追いかける資金運用に、全面的といっていいほどにシフトしてしまったのだから。

いまさら、70年代前半までのように10年単位で成績が評価される長期の年金運用には戻れない。大体からして、長期運用のファンドマネジャーも企業調査チームも、とうの昔にお役ご免にしてしまったのだから、どうにもならない。

この先、年金運用のシステムがズタズタになる

ところがだ、来る金融バブル崩壊では年金の資金運用を中心とした巨大なシステムを、根底から崩してしまう可能性が高い。債券や株価の大暴落で成績がボロボロに悪化するだけではない。

１９８０年代も半ば頃から、年金のような巨大資金を運用するには、個別株投資では企業リサーチがとうてい間に合わない。また、運用コストも嵩んでしまうということで、インデックス運用主体へとシフトしていった。

最近では、インデックスの先物が運用の主体となってきている。また、日中の取引時間にディーリング売買できる株式ＥＴＦなども投資対象として台頭してきた。

これらパッケージ化された運用商品は、来る金融バブル崩壊時には、ひとまとめになって暴落する。問題はそこから先だ。

玉石混交の銘柄群が、ひとまとめにパッケージ化されている悲しさ。石コロ銘柄が足を引っ張って、インデックスも株式ETFも全体では、なかなか浮上できないことになる。パッケージ運用商品の致命的な弱点が露呈するのだ。

これが、アクティブ運用すなわち個別株投資なら、個々の株価それぞれで対応できる。個別株対応でもって、バブル崩壊後の混乱をいくらでも切り抜けられる。

アクティブ運用では、そもそもからして玉石混交の投資などしない。将来の利益成長を見越した銘柄選択でもって勝負するのが、アクティブ運用である。

ということは、将来可能性の少ない石コロのような銘柄など、はじめから組み入れ対象から外している。この厳しい取捨選別が、バブル崩壊時などでは決定的な強みとなる。

どういうことか？　もともと利益成長の可能性の高い企業群を主体にポートフォリオを構築している。したがって、バブル崩壊で株価が大暴落しても、そう心配はいらない。なにしろ、利益成長の裏付けがあるから、株価の戻りも早いのだから。

そうなのだ、われわれのアクティブ運用ではバブル崩壊からの立ち直りも、インデックス運用などパッケージ商品よりずっと早くなる。それは当然だろう。

投資対象銘柄を厳選するアクティブ運用と、玉も石コロもひとまとめにしたパッケージ運用との違いがはっきり表れるのが、大きな暴落相場時と、その後の展開である。その違いが、運用成績においても決定的な差となっていく。

ともあれ、来る金融バブル崩壊で、運用成績はボロボロになるわ、インデックスなどのパッケージ運用で身動きがとれなくなるわで、年金運用そのものがズタズタになってしまう。年金運用はじまって以来の深刻な事態となろう。

悪夢のような状況に、世界の年金も、運用業界も直面させられるのだ。

年金運用そのものが曲がり角に

おそらくだが、世界の年金運用システム全体が金融バブル崩壊を機に、大反省を迫られることになろう。

マーケティングのビジネスに走ってしまったこと、毎年の成績を追いかける資金運用に加え、インデックスなどパッケージ商品に集中してしまったことなど、すべてが金融バブル崩壊で裏目となる。その大反省だ。

年金サイドならびに世界の運用業界がどのように反省し、どのような改革案を打ちだしてくるのだろう？　あるいは、なにも変わらないのか？

＊　＊　＊

筆者だったら、こう改革する。年金の運用はもともと、10年はおろか20年とか30年後の資産最大化を目指すもの。

であるならば、まずは年金資金の70～80％は、本格的な長期投資にまわす。10年ぐらいの時間軸で、どっしりと運用成績の最大化を目指すのだ。

この長期投資の部分だが、3分の2はインデックス運用、そして3分の1はアクティブ運用とする。インデックス運用の部分は買って保有しっ放しでいい、ディーリング売買など一切しない。

アクティブ運用に関しては、ドタバタ売買をするわけでもないから、企業リサーチもじっくりと取り組める。ましてや、毎年の成績を追いかける必要もないので、たっぷりと時間をかけてリサーチを進めていけばいい。

運用コスト？　たしかに、アクティブ運用の部分は、それなりのコストが嵩む。だが、そんなコストなどをはるかに上まわる成績がついてくるから、まったく問題なしだ。

残りの20〜30％は、今後3年ぐらいに予定される年金給付での出金を想定して、短期の運用でつなぐ。こちらはディーリング主体の資金運用でいい。

なお、本格的に長期投資をする限り、運用資金の巨大化は、そう苦にならない。なぜなら、株価は長期保有すると年10％ぐらいの上昇をするものだという経験則を、インデックスファンドの長期保有でもって反映させるだけのことだから。

また、アクティブ運用部分も長期の株式投資に徹する限り、いくら運用資金が大きくなっても平気である。なにしろ、暴落相場を待って買い仕込むわけだから、いくらでも買える。

これだけの改革をやってしまえば、年金運用の仕組みは簡略化するし、成績もずっと良くなろう。なにしろ、運用がらみのコストが激減するのだから。

すなわち、第1に、資金運用のディーリング部分が全体の20〜30％に縮小するから、そちらに振り向ける人やコストは大幅に削減できる。

第2に、年金資金全体の50％前後を占めることになるインデックス運用部分は、購入してずっと保有するだけだから、完全に放ったらかしでいい。つまり、インデックスファンドの基準価格の中に運用に関する信託報酬が入っているので、あらためて運用コストとして計上するものはない。

そして、第3のアクティブ運用部分だが、年金本来のゆったりとした長期投資に戻るから、それほど大きなコストにはならない。もちろん、しっかりとした企業リサーチのための十分なコストを計上したうえでもだ。

ともあれ、現状の年金運用がらみの巨大システムは、金融バブル崩壊を機に大変革を迫られよう。運用成績もさして上がらないのに、バブルに踊った挙げ句の大暴落で、年金運用全般がガタガタになってしまうからだ。

そんなところに、人々の老後生活を託すわけにはいかないだろう。

長期投資は絶滅危惧種どころか、復権だよ

ずいぶん遠まわりをしてきたが、ここからが本番である。すなわち、長期投資の復権についてだ。

年金運用を中心にして、世界的に機関投資家化現象が進んだ。それによって、世界の投資運用ビジネスが大きく変容してしまった。そう、毎年の成績を追いかける資金運用やディーリングが、機関投資家運用の主柱となってしまった。

株式投資に関しては、銘柄選択の必要がないインデックス運用が全盛となってきた。そして、さらにコストが安く大量の資金を運用できるインデックスの先物売買が、株式投資運用を代表するということになっていった。

その横で、長期の株式投資では本来の姿であるアクティブ運用が、どんどん片隅に追いやられていった。長期投資にこだわる機関投資家は、いまや絶滅危惧種的な

存在となってしまっている。

ところが、来る金融バブル崩壊では、世界の機関投資家運用の主柱となっている資金運用が、その弱点をさらけだすのだ。マーケットの暴力的な下げで、運用の成績も年金資産全体もズタズタにされる。

資金運用では、相場を追いかけるディーリング運用が主体だから、暴落相場をどこかで逃げるなんて芸当はできない。ましてや頃合いをみて、独自の判断でバーゲンハンティングに打って出るなど、資金運用ではできない。

一方、インデックス運用はすべての企業をひとまとめにしたパッケージをもって運用対象としている。株式ＥＴＦもパッケージの中身はというと、やはり同じように玉石混交で企業の株式を組み入れている。

となると、バブル崩壊で発生する投資損や資産デフレで、多くの組入れ企業が債務超過や経営難に陥ると、インデックスそのものが長期間にわたって低位低迷を余儀なくされる。

一部の企業はバブル崩壊からの立ち直りに入ってきても、組入れ企業の多数が淘汰の嵐にさらされているのだから、どうしようもない。

多くの企業が市場から整理淘汰され終わるまでは、インデックス運用の成績は足を引っ張られ続けよう。

アクティブ運用の独壇場

そこからだ、アクティブ運用のすごさが再認識されるのは。玉石混交の企業群の中で、いつも玉と思える企業のみを厳選して投資するのがアクティブ運用である。その選別投資の威力がいかんなく発揮されるのが、バブル崩壊後である。

どういうことか？　マーケットの暴落には、どの企業の株式もそれなりに巻き込まれる。マーケットに上場している以上は、暴落相場である程度の下げは避けようがない。

せいぜいできるのは、われわれ長期投資家が心懸けるように、バブル化している株式群からは、前もってできるだけ離れておくことだ。

どんなバブルでも、さしてバブル化していなかった銘柄群は結構ある。そちらに投資対象をシフトしておくのだ。それだけで、もう決定的な違いとなる。

こういうことだ。さほどバブル化していなかった銘柄群は、それほどガンガンに買われてこなかった。ということは、バブルが崩壊しても、大して売りが出てこない。つまり、バブル崩壊後も意外と早い段階で株価の下落は終わる。

そういった銘柄群に的を絞って、暴落相場の売り地獄を、待ってましたとばかり飛び込んでいくのだ。それこそ選り取りみどりで、バーゲンハンティングができる。これが、アクティブ運用の強みである。

早い段階からバブルの熱狂からは、できるだけ遠く離れた立ち位置を守ってきた。それが故に、バブル崩壊の痛手は軽微で乗り切れる。その上でもって、皆が売り逃げに必死になっている中を、早くもバーゲンハンティングに入るのだ。

皆が総売りとなっているマーケットで、これはと思える企業の株式を好き放題に買えるのだ。それも、びっくりするほどの安値でもって。これは強い。最高の買い仕込みとなる。

そういった長期投資というものが、来る金融バブル崩壊売りの地獄では、がぜん脚光を浴びることになる。絶滅危惧種どころか、強烈な復権である。

世界あちこちから長期投資は復活しだす

ここまで、あえて書かなかったが、世界のあちこちで本格的な長期投資は、静かにしぶとく生き残っている。ノルウェーの公的年金などはつとに有名である。

また、ファミリーの資金運用に徹している小粒のプライベートバンクなども、バブルなどに乗ろうともせず長期投資で資産を守っている。ファミリーの資金を運用するだけだから、マーケティング競争や毎月の成績などとは無縁である。

そんな具合で、来る金融バブル崩壊を機に、世界のあちこちでアクティブ運用を専らとする長期投資家が存在感を示すことになる。

世界中の機関投資家をはじめとして、多くの人々が暴落相場をのたうちまわっている横で、早くもバーゲンハンティングをはじめるのだ。

これは鮮烈な印象を与える。なにしろ、アクティブ運用の長期投資は暴落相場の焼け跡から、グイグイと存在感を高めだすのだから。

それをみて、世界の年金はじめ機関投資家が、これまでの資金運用のディーリング一本槍から目を覚ましてくれるとありがたい。

彼らの一部でも投資運用、なかんずくアクティブ運用の良さを再認識しだすと、世界の投資運用業界がまともに戻る第一歩となる。

先に、世界の投資運用業界は狂っていると書いた。その末路が、金融バブル崩壊によってズタズタとなった成績と、どう処理してよいかわからないほど悲惨な運用ポートフォリオの残骸である。

その立て直しには、大変な時間と労力が必要となろう。それでもなお、きちんと処理しなければならない。なにしろ、年金という大事な資金を預かっているのだ。いい加減な処理では済まされない。

そんな中で、年金運用そのものの立て直しで、方向はみえてきたはず。年金運用の本来の姿である長期投資を主体とし、株式投資はアクティブ運用への回帰だ。

まさしく、長期投資の復権であり復活である。

選り取りみどりのバーゲンハンティング

大きな方向性つまり戦略といったものは、ここまででたっぷりと書いてきた。ここらから、そろそろ戦術論に入っていこう。

われわれ長期投資家は、あえていえばバブル崩壊を早く来てくれと待っている。もちろん、ずっと早い段階からバブル買いの熱狂からは一歩も二歩も離れた立ち位置を確保している。だから、「早く来い、バブル崩壊よ」なんだ。

立ち位置？　そう、投資している以上は長期投資家といえども、バブル崩壊の暴落相場から無傷ではいられない。それでも、暴落で受ける傷をできるだけ軽く抑えるようにはできる。それが、バブル崩壊を前にして、守るべき立ち位置である。

とにもかくにも、バブル崩壊の暴落相場で受ける傷はできるだけ軽微で乗り切るのだ。その上で、暴落後の売り地獄で一気に買い仕込みの攻勢をかける。

あらゆる株式が二束三文で売られている。こんなバーゲンハンティングの機会は、めったにおめにかかれない。このチャンスを逃すことはない。

幸い、こちらはバブル崩壊を軽微の傷で乗り切った。大きくやられて身動きの取れなくなった大半の投資家たちを横目に、どんどん積極買いを進められる。

どの株を買うのか？　長期投資の銘柄選別については、次の第9章で詳しく書くので、ここでは簡単に述べておこう。買うのは、生活者からみて、5年先も10年先もずっと頑張ってもらいたい企業だ。マスコミで話題となっているとかではなく、あくまでも生活者にとって大事な企業だ。

その中でも、売りがそれほど出てこない銘柄群に絞り込もう。バブル人気に煽られていた銘柄群には、しこたま買いが集まった。一方、さほど人気化していなかった銘柄群は、あまり買われていないから、売りもそうは出てこない。

売りが、それほど出てこないとは？　暴落相場の渦中にあっても、一部の銘柄群は早々と底を打つ。それはそうだろう。売りが途切れれば株価なんてものは下げ止まる。これが、売りがそれほど出てこない銘柄群だ。

ただ、まだ暴落相場の売り地獄の渦中にあるから、買いはそうそう入ってこない。

それで株価は下げ止まってはいるものの、上昇しだすまでには至っていない。そういった銘柄だ、長期投資家がバーゲンハンティングに入るのは。

ありったけの資金をかき集めて、どんどん拾っていこう。生活者にとって大事な企業の株式が、こんなにも叩き売られているのだ。「ここぞ、応援の場」とばかり、思い切り買っていくのだ。とにかく買っておこう。

V字型の株価回復

そのうち、おもしろい現象がはじまる。どこからか、ごく自然と買いが入りだすのだ。矛先は、さほど売りが出てこないし、早くも下げ止まった銘柄群に向けてだ。

最初は五月雨的にパラパラと、そのうち集中豪雨のような買いとなっていく。もちろん、株価は急上昇に入っていく。

どういうことか？　いつのバブル崩壊でも、マネーというものは大きく吹き飛ぶが、一部はしぶとく生き残る。

生き残ったマネーが、次の儲け場所を求めはじめるのだ。常に次の儲け場所を求めて動きまわるのが、マネーの本性である。

そういったマネーが、株式市場での売りが途切れて、株価が下げ止まった株式に目をつける。株価水準は大きく下がっており、買えば株価はいくらでも上がるはず。「それ、行けっ」とばかり、生き残ったマネーが一斉に買い群がってくる。

最初は徐々に上昇しはじめて、どこかで急騰に入っていく。暴落相場の中、次の儲けのチャンスを狙っていたマネーが次々と集中してくるから、株価が急騰するのは当然のこと。

これが、バブル崩壊後しばらくしての、一部の株式のV字型回復である。いつの暴落相場の後にも、必ずみられる現象である。

われわれ長期投資家による暴落後のバーゲンハンティングは、結果として株価のV字型回復を先取りすることになる。

生き残ったマネーによる集中買いで株価は急上昇し、われわれ長期投資家はびっくりするほどの投資収益が得られる。そのあたりは理解できよう。

長期投資は、新しい上昇相場をも先取りする

バブル崩壊後のV字型の株価回復が、われわれの長期投資をグイグイと押し上げてくれる。実は、それだけでは終わらない。次の上昇相場にも、ごく自然体で乗ってしまえるのだ。

考えたらわかるが、熱狂的にバブル買いされてきた企業群ほど、投資家の買いポジションは高くなっていた。それらが総売りとなっても、ちょっとやそっとでは売りが終わらない。

これでもかこれでもかと、すさまじい量の売りが覆いかぶさってくるのが眼にみえる。そんな売りを浴びるのは嫌だと、買いはなかなか入ってこない。

そんなわけで、バブル買いされてきた株式ほど、ダラダラと下落が続く。なにしろ、バブル買いの当時、50年とか１００年先の利益まで先取りした高値まで買い上

げられてきたのだ。新規の買いが入ってくるには、株価はまだまだ高い。

それで、株価の下げつまり調整局面が長いこと続くわけだ。そのうち、あれだけ大騒ぎされた銘柄だったのに、それがウソだったかのようなジリ貧で、長期低迷株の範ちゅうに入っていくこともしばしばである。

一方、経済全体でみると、バブル崩壊でひどい大混乱に陥った。それでも、一部の経済活動から徐々に立ち直ってくる。それは、いつでもどんな時にでも、なくなりっこない経済部分、つまり人々の生活をベースとした実体経済である。

そこらあたりから、バブル崩壊後の経済は立ち直ってくる。まさしく、われわれ長期投資家が常に投資対象としている分野である。

つまり、いつでも「人々の生活と、それを支える企業活動」に絞り込んだ銘柄選択をする、長期の株式投資の出番なのだ。

バブル崩壊後の経済や社会の立ち直りは、いつも生活に密着したところからはじまる。そのあたりをベースにして、新しい上昇相場が醸成されていくことにもなる。

まさに、われわれ長期投資家が真骨頂を発揮することになる。

第9章

誰にでもできる、それが長期投資だ

本物の株式投資は単純で簡単だよ

世の人々は、やれ投資は難しいとか、やれ投資はリスクが多いとかいう。まるで、決まり文句のように。

それは、投資のまねごとをやっているからだ。あるいは、投資もどきを投資だと信じ込んでいるからだ。

投資なんて、「安く買っておいて、高くなるのを待って売る」だけのこと。そのどこが難しいのだろう？　安く買って高く売るのに、一体どこにリスクがあるのか？

この第9章では、長期の株式投資というものを説明していく。まずは、一般的にいわれている株式投資というものが、どれだけ考え違いをしているのか。そのあたりの確認から入っていこう。

一般的に株式投資というと、株式市場で値上がりしそうな銘柄をみつけて買うところからはじまる。どの銘柄が値上がりするかで、企業の利益予想をしたり、その企業が最近の投資テーマに沿ったビジネスをしているかとかをチェックする。

そのスタート時点から、そもそも間違っている。というか、本物の投資から外れてしまっているのだ。

どういうことか？　値上がりしそうな銘柄をみつけようということで、業績予想をしたり投資テーマをチェックするとかは、どの投資家もやっている。ということは、皆が同じような結論に至って、同じようなタイミングで買うことになる。

皆が同じように考え、同じように買うということは、株価はもうそこそこ高い水準にあるのは間違いない。その時点で、早くも「安く買っておいて」から外れてしまっている。

ある程度の高値から投資に入っていくと、よほど大きな上昇相場が到来してくれない限り、投資の収益は得られない。それどころか、高値づかみをしてしまいかねない。その結果、投資は難しい、リスクが多いと嘆くことになる。

そもそも、「値上がりしそう」とか「儲かりそうな銘柄をみつけよう」とするところから、長期投資の道を踏み外している。先ほども書いたように、皆が同じように考えるから株価はもう高い。

それだけではない。値上がりしてほしい、儲けたいと願うのはいい。だが、誰かがより高値を買ってくれて、はじめて投資収益にありつけるのだ。誰かがより高値を買ってくれるかどうか、その期待に賭けるわけだ。これは難しい。

期待通りに、誰かが買いに来てくれればいいが、そうはうまくいく保証はない。なかなか期待通りにはいってくれない。だから、投資は難しい、リスクが多いと嘆きたくなるのだ。

マーケットでお金の分捕り合いをやっている

別の面からみてみよう。どの投資家も「儲けたい」、「損せずにお金を殖やしたい」、あるいは「リスクを抑えてリターンを最大化させたい」と願っている。そう願うのは勝手で、好きにやればいい。

問題は、どの投資家も儲けたい、お金を殖やしたいと願って、株式市場などマーケットに集まってくることだ。そう、どのマーケット参加者も、皆がみな儲けたい、損したくはないで眼を血走らせているのだ。

そんな中で、どうして自分だけ儲けられると思うのか？　誰かの儲けは、別の誰かの損である。そう、マーケット内では多くの参加者たちが、お金の分捕り合いをやっているのだ。

マーケットとは、そういうものである。それが故に、投資家たちや投機家たちは儲けたり損したりを飽くことなく繰り返すはめになるわけだ。

もちろん、マーケットでよほど大きな上昇相場が続いてくれれば、どの投資家も安く買ったものが高く売れることで、投資の利益を上げられる。しかし、上昇相場が終われば、それまでのこと。

そう、儲かるかどうかは、すべてマーケットでの相場動向次第なのだ。これは難しい。リスクも多いといわれざるを得ない。

でも、安心してくれていい。そんなもの、投資でもなんでもないのだから。マーケットでの延々と繰り広げられるお金の分捕り合いは、値ザヤ稼ぎのディーリングというものである。

値ザヤ稼ぎ？　そう、マーケットでの価格の上下変動を機敏にとらえて、価格差を取っていく。ほんのちょっと値動きがあれば、すかさず売買益を稼ごうとする。それが、ディーリングというものである。

間違っても、投資はディーリングと同類ではないのだ。

株価は、長期的には値上がりする

そこで、長期の株式投資に戻るが、難しいとかリスクが多いとかいうのが、そもそもおかしいのだ。

米国の株式市場でみると、過去130年余り、平均株価はずっと年10％ほどの上昇をしている。長い眼で株式投資をしておけば、誰もが結構な財産づくりができているはず。

もちろん、その130年間には第一次世界大戦、大恐慌と世界恐慌、第二次世界大戦、2度の石油ショック、ブラックマンデー、同時多発テロ、リーマンショックなどで株価は幾度となく暴落している。それでも、ならしてみると年10％ほどの平均株価の上昇率だ。

個別株投資では、そうはいかないのでは？　むしろ逆だ。たしかに、個別企業の株価で100年とかの上昇率なんてのは、あまり聞かない。なにしろ、そんな長寿企業はそう多くないのだから。

しかし、10年とか20年のスパンでみると、年平均で10％くらいの株価上昇をしている企業なんてゴロゴロしている。そういった企業に長期で投資しておけば、十分に投資収益を上げられるはず。

中途で、なんとかショックとかが発生しても、慌てず騒がずで持ち続ければいいだけのこと。それが長期の株式投資である。ちっとも難しくはない。リスクもほとんどない。

なぜ、多くの投資家は、そんな簡単なことができないのだろう？　ひとつには、儲けよう儲けようとしすぎるからだ。それで、高成長企業とかに群がってしまう。

高成長している業種だから、時流に乗っている企業だから、儲かりそうだで買ってしまう。本当にそのまま高成長を続け、株価も大きく上昇してくれれば万々歳である。

しかし、往々にして高成長を騒がれている頃が、その企業のピークだったということにも、しばしばである。

もうひとつは、損したくないという気持ちが、多くの投資家をつまらない行動に駆り立ててしまう。なんとかショックに遭遇するや、損を最小限に抑えたいと大慌てで売ったりする。もうすでに、株価は大きく下げている。なのに、そこからさらに売り叩くのだ。

われわれ長期投資家なら、それこそゴキゲンでバーゲンハンティングに入るところを、多くの投資家は必死の売り逃げに走るのだ。

安いところで買えず、相当に高くなってから、儲かりそうだと慌てて買ってくる。そういったヘボを繰り返していては、どんな企業に投資していても、年平均10％の投資収益など望めない。

それでもって投資は難しいと嘆くのは、本末転倒もいいところである。

儲けようとしない、儲かってしまうのだ

長期の株式投資で、しっかり押さえておきたいのは決して儲けようとしないことだ。先にも書いたように、儲けようとすると、どうしても高値づかみをしがちとなる。あるいは、損しそうだで安値を売ってしまう。

どの投資の本や教科書にも、多くの企業の株価は長期でみると上昇していると書いてある。

ところが、問題はそこから先だ。そういった株価上昇を「うまくとらえよう」とかを延々と教授してくれる。それが、そもそもおかしいのに。

株価上昇をうまくとらえようとか言いだした瞬間、もう長期投資からは遠くかけ離れてしまう。投資では、とりわけ長期の株式投資においては、儲けようという言

葉は禁句である。

儲けようなんて思うと、長期の株式投資の出発点である「安い時に買っておいて、高くなるのを待って売る」ができなくなってしまう。

安い時、たとえば暴落相場なんて損しそうで、怖くてよう買えない。それどころか、大慌てで売ろうとしたりする。

一方、相場が高くなればなったで、「まだまだ上値があるぞ」「もっと儲けよう」で、とても売れない。むしろ、高値で買い増しをしてしまう。

そうなのだ、「儲けよう」とすることが、長期の株式投資においては最悪の行動となってしまうのだ。なんとしても、「儲かってしまう」を学ぶ必要がある。

学ぶといっても、街の投資本や投資の教科書からではない。どれもこれも、「いかに儲けるか」しか書いてないのだから。

長期の株式投資でいう「儲かってしまう」は、実践を通して、すこしずつ自分のものにしていこう。それしかない。

では、どう長期の株式投資を実践していくのか?

企業を応援する、それが出発点

長期の株式投資のキーワードは、「企業を応援する」である。われわれ長期投資家は生活者にとって大事な企業を、トコトン応援しようとする。

日々の生活においても、応援したい企業からそこの製品やサービスをできるだけ買ってあげることで、売上げに貢献する。まさに、その企業を応援することになる。これは誰でもできるはず。

もうひとつは、その企業の応援株主になることだ。応援株主になるタイミングと、その気概こそが長期の株式投資の神髄である。

具体的には、**図表15**でもって説明しよう。株式市場がなんらかの理由で暴落している時、われわれ長期投資家は「なんでこんなにいい企業の株式を、こうも情け容赦なく売り叩くのだよ」と、憤りでもって受け止める。

図表15

「なにがなんでも応援するぞ」で買いにいく

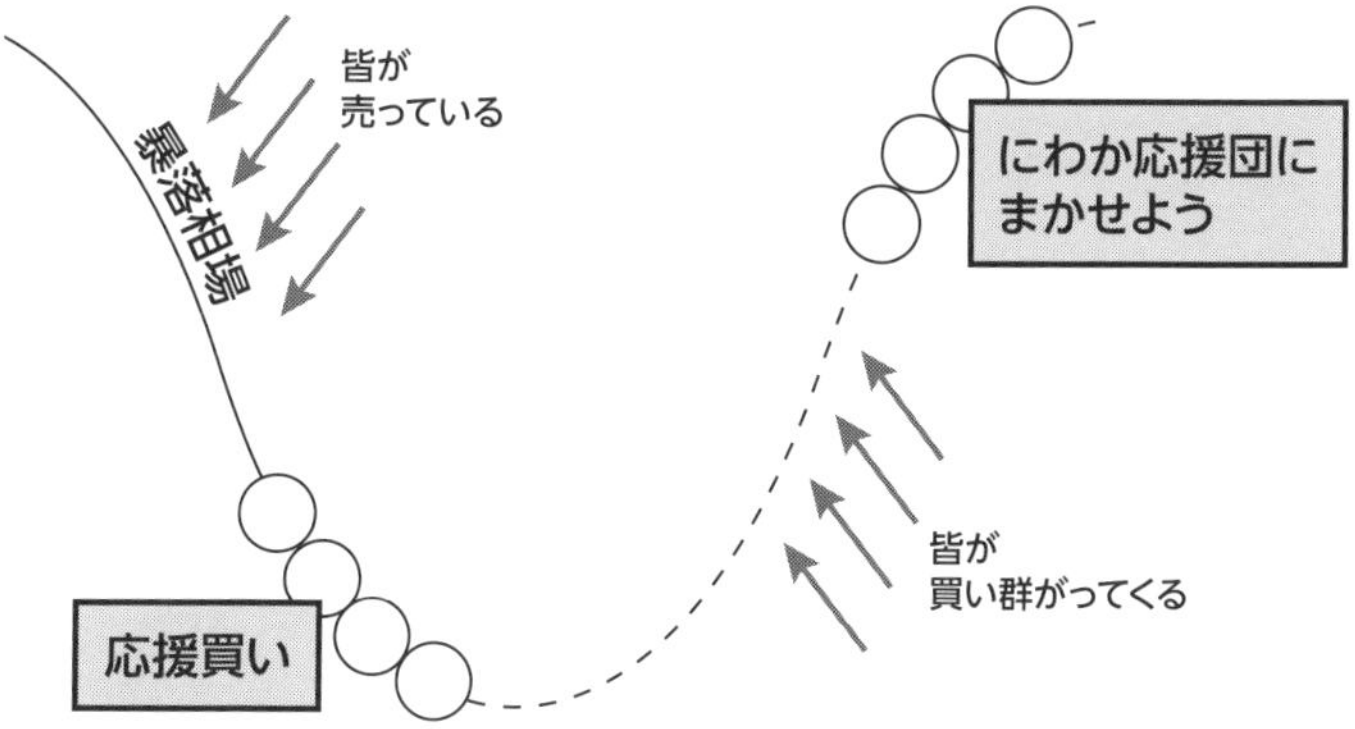

- 気合いが入って当たり前
- それが長期投資の真骨頂

そして、「だったら、こちらは徹底的に応援してやるわい」といって、その企業の株式を買いに行く。二束三文で売られているところを徹底的に買い向かうのだ。

はっきりいっておくが、「こんなにも安値だ、買っておけば儲かりそうだ」で、買うのではない。

実際、暴落相場を買いにいけばわかるが、「儲かりそうなんて雰囲気」はどこにもない。儲けようなんて気持ちでいたら、絶対にといっていいほど買えやしない。

やはり、「ここは、なにがなんでも応援するのだ」といった強い気持ちがあって、はじめて買いにいける。なにしろ、すごい暴落相場の渦中だ。儲かりそうとかではなく、「なにがなんでも応援するぞ」の気合いしかない。

われわれ筋金入りの長期投資家からすると、常日頃から生活者にとって大事な企業をリサーチして選びだしている。そういった企業の株式が二束三文で売られているのだ。見て見ぬふりなどできない。どんどん気合いが入るというもの。

この気合いこそが、長期の株式投資の肝でもあるのだ。気合いなかりせば、とてもではないが、暴落相場をものともせず、買いに行けるものではない。

暴落相場で、「ここは応援しなくては」と応援買いに行くことこそが、長期の株式投資なのだ。したがって、「よし、行くぞ」と気合いが入って当然のこと。

そう、長期の株式投資は企業を応援していくことである。応援するという以上は、最も応援しがいのある時に出て行かないと、長期投資家の名折れとなる。

だから、気合いが入って当然なのだ。気合いといっても、別に意気込んでいるわけではない。暴落相場を買いにいくのが、当たり前のことなのだ。

当たり前のこと？　そう、長期の株式投資って、どういうものかを次に説明しよう。

より良い世の中をつくっていく

まず最初に、預貯金と投資との違いを考えてみよう。預貯金は銀行や郵便局の窓口へお金を持っていって、「元本を安全にね、利息はいただくよ」といって預ける。

それって、丸投げ無責任というしかない。

一方、投資は自分のお金に「こんな社会をつくっていきたい」という夢や思いを乗せて、働きにだすことだ。当然のことながら、自分の意志も前面に出てくる。

そう、預貯金は丸投げ無責任で、ただただお金が殖えればよしである。一方、投資は自分のお金に夢や思いを乗せ、はっきりした意志をもって働いてもらうことだ。この違いは決定的である。もちろん、投資の方がはるかにおもしろい。

そこでだが、われわれ長期投資家は「より良い世の中をつくっていく」とか「もっとステキな社会に子どもたちを住まわせたい」と願うが、具体的にはなにをどうしたらいいのだろうか？　そのためのパートナーとなるのは誰なのか？

自分のまわりの仲間たちと一緒に力を合わせていくこと。そして、思い描く将来に向けて頑張っている企業を応援することだろう。

そこに、長期の株式投資が浮上してくる。「こんな社会をつくっていきたい」と願う方向で経営していると思える企業なら、なんとしても熱く応援したいという気持ちになるはず。

応援には、前にも書いたように売り上げに貢献してあげることと、株主になることのふたつがある。もちろん、そのどちらも実行に移すのだ。

そこで、株主になることだが、株価が暴落している時の買いほど、企業にとってありがたいことはない。

なにしろ、経済情勢が悪くなったのか、投資環境が悪化したのか、世の投資家たちが自社の株式を二束三文に売ってきている。自分の利益しか考えない株主たちが、情け容赦もなく売ってきているのだ。

そんな暴落相場の最中に、長期投資家が応援株主として登場してきたではないか。それこそ、地獄で仏をみる思いである。そんな応援株主の期待に応えるべく、もっともっと経営を頑張ろうとなる。

株価は企業経営の通信簿といわれるように、どの経営者も株価下落をみるのは嬉しいものではない。投資家たちに売り叩かれて株価がどんどん下がっているところへ、断固たる応援買いに来てくれた長期投資家は、どんなにありがたいことか。

情緒的にすぎる？　そんな甘っちょろい企業経営など、グローバル競争では通用しない？　株を買うのも売るのも投資家の自由で、それにいちいち反応する経営者が弱すぎる？

どれもこれも、これまでのマネーが主体の経済で歪められてきた企業観である。利益さえ高めれば、なにをやっても許されるで突っ走ってきた、マネー資本主義の価値観にすぎない。

実体経済の復活では、そういった「マネーがすべての無機質な価値観」から、「もっと人間的なものに価値観が移っていく」ことになる。人々の生活が前面に出た経済となっていくのだから、情緒とか感情が織り込まれていって当然である。

生活者投資家の台頭

マネー至上主義の経済が、金融バブル崩壊のがれきとともに退いていく。代わって、生活者とそれを支える企業活動とで織り成す実体経済が前面に出てくる。

同時に、機関投資家運用においても、抜本的な変革が迫られよう。年金はじめ巨額の運用資金の大半を資金運用にまわした挙げ句の、金融バブル崩壊による収拾のつかない投資損失だ。こちらも、大反省を迫られて当然のこと。

そこで台頭してくるのが、生活者投資家という新しい概念である。個々人が年金などで既存の機関投資家運用にまかせてはおけない、自助の財産づくりを目指そうとする動きの台頭だ。

機関投資家という雇われ運用者たちが自分の給料やボーナス、そして成績評価のためにはと、「後は野となれ山となれ」の無責任運用に走った。その挙げ句に、ズタズタの成績を残してくれた。

そんな無責任運用は、もういい加減にしてくれだ。いかに年金が国のやっている仕組みとはいえ、もう頼りきりにはできない。

どうしたらいい？　本書で提唱しているように、個人個人が長期の株式投資をはじめるのだ。誰でも簡単にはじめられるし、すこし時間はかかるが、投資リターンは後からついてくる。

決して儲けようとはせず、ひたすら自分（生活者）にとって大事な企業を応援する、そのスタンスを崩さない。応援するという以上は、暴落相場でこそ応援買いに出る価値がある。

その考えを実践するだけで、投資で最も大事とする「安く買っておく」が、ごく自然体でやれてしまう。あとは、どこで売っても利益だ。これが長期の株式投資だが、慣れてしまえば実に簡単なもの。やってみれば、誰もが納得する。

それだけの作業にすぎない長期の株式投資を、生活者一人ひとりがはじめていってくれると、すごいことになる。そう、生活者投資家の台頭で日本経済は様変わりに良くなる。

なによりも、企業経営が生活者投資家つまり生活者株主を意識したものにシフトしていく。もっとも、それは生活者株主の比率がどんどん高まっていってくれての話。したがって、一人ひとりの自助意識がどれだけ高まってくれるか、そこが肝となってくる。

これまではアクティビストや機関投資家株主の圧力で、多くの企業が短期指向の経営を迫られてきた。それが、長期視野で生活者に良かれと思える経営に専念できるのだ。

企業経営が生活者を念頭においた経営にシフトすれば、放っておいても最近いわれているＥＳＧやＳＤＧｓなどは軌道に乗っていく。

ＥＳＧでいう環境や社会への配慮や、企業統治、またＳＤＧｓの持続性のある社会の発展を目指すなど、わざわざいうまでもないことになってしまう。

もちろん、個人個人も長期の株式投資をしていくことで、すこし時間はかかるが自分年金ができていくことを実感する。この安心感は大きい。生活者として応援したい企業の成長とともに、自分の老後設計もできていくのだ。

そうなのだ、国民一人ひとりが長期の株式投資の良さと重要さを知って、まずは行動に移すことだ。その先には、自分年金ができていくのはもちろんのこと、日本経済や社会の健全な発展が待っているのだ。

この生活者投資家という概念は、これから日本はじめ世界経済の主柱となっていくだろう。

これまでのマネー至上主義や株主至上主義が、マネーマネーのケバケバしい経済と富の偏在を招いてしまった。それに取って代わるのが、生活者投資家である。

長期の株式投資の実践

この章の最後に、長期の株式投資をどう実践していくかを説明しよう。前にも書いたように、誰でも簡単にできるからぜひやってもらいたい。

ひとつだけはじめに注意しておくが、投資とか難しい経済の勉強とかは一切しないことだ。どれも、いかに儲けるか、いかにマーケットでの価格変動を乗りこなすかの指南書でしかない。

長期投資は、「儲けようとしない、儲かってしまう」に徹する。したがって、世の投資本や投資の教科書とは、方向も考え方も違う。

あちらでは、「投資は難しい、リスクが多い」がついてまわる。それに対し、こちらは「投資なんて簡単だよ、ちょっと時間はかかるけどね」だ。この違いは決定的である。

そこで、いよいよ長期の株式投資の実践に入っていこう。

＊　＊　＊

【1】生活者として応援したい企業を選びだす

長期の株式投資では、自分が「この会社はトコトン応援したい」と思う企業をまずはみつけだす。そして、その企業の株を「安く買っては、高く売る」を繰り返すだけのこと。

その企業の経営がいつまで経っても相変わらず応援したいのなら、10年でも20年でも「買っては売り」を繰り返して構わない。ずっと、その企業の株式を応援買いし続けるのだ。

大事なのは、自分が思い描く「良い社会をつくっていく」方向で、応援したくなる会社かどうかだ。生活者の一人として、今のすばらしい経営を5年後も10年後もずっと続けてもらいたいと願えるかどうかだ。

その意味でも、あくまでも生活者として「なくなっては困る」と思える企業を選びだすのだ。

業績見通しはどうかとか、将来有望といわれている業種かどうか、などは無視していい。逆に、マスコミの話題にもならないような地味で、ありふれた企業であっても構わない。大事なのは、自分が心から応援したいかどうかだ。

そこで応援企業だが、せいぜい3社か4社で十分。読者の皆さんの投下できる資産が1億円を超えたら、5社から6社ぐらいに増やしてもいい。

どうして、そんなにも絞り込むのか？　よく分散投資とかいわれるが、そんな集中投資してリスク分散は考えないのか？

大丈夫だ。これはと思う企業に集中するのが、長期の株式投資である。これは考えるまでもないことだが、われわれは暴落相場を買いに行くのだ。よほど熱い思いの企業でなければ、とうてい暴落相場で買えやしない。

よく分散分散というが、そんなもの平時のお利口ちゃんの議論にすぎない。リーマンショック時もそうだったが、すさまじい暴落相場では分散投資など、なんの効果もない。それどころか、そこで買おうなんて意思も意欲も湧かなかったはず。

やたらと分散分散で注意力が散漫になるよりも、思いも感情も込められる応援銘柄として、3社か4社を心に決めるのだ。

[2] 暴落を待つ

自分が心から応援したい企業を3社か4社、まずは定める。そして、それら応援企業はもちろんのこと他の企業も含めて、社会や経済の観察はずっと続ける。それも生活者として本当に大事と思えるかどうかの視点でもって。

投資や経済の勉強はしなくてもいいが、生活者として社会や経済をじっくり観察しながら、いつも本当に応援したいかどうかの判断は絶対に欠かせない。それを続けないと、心から応援したいがウソになってしまう。

良い世の中をつくっていこうとするのが長期投資である。つくっていくという以上は、強い意志や責任感が問われる。そのためには、生活者としての社会や経済の観察は欠かせない。

厳しい眼でもって、本当に応援するにふさわしい企業かどうかを、常時チェックし続けるのだ。繰り返すが、投資の勉強などは一切しない。しかし、応援企業をずっと厳しく見守ることは、生活者投資家の責任である。

その上で、暴落相場をのんびりと待とう。「応援銘柄が決まってきたから、すぐ買おう」なんてこと、やらかしてはいけない。また、ちょっとぐらいの下げで買おうと飛びついてもいけない。

のんびりと、年に3～5回はある株式市場の暴落を待つのだ。新聞の一面に大見出しで株価大暴落と書かれたり、テレビで株式市場の暴落報道を大騒ぎしてくれる時を待とう。

とにかく暴落を待つのだ。長期の株式投資では、どっちみちドッタンバッタンの売買などしない。年に3～5回ぐらい発生する暴落相場を2回もとらえれば、もう十分である。

いいか、ゆったりどっしり長期投資の出発点は、暴落相場からだよ。それは絶対に守ってもらいたい。

【3】適当に買う

さあ、待ちに待った暴落相場が到来した。ドドドッと大きく崩れ落ちてきたら、「よっしゃ、応援買いに行くぞ」と気合いを入れよう。

その時、「どこらあたりから買おうか」「どのぐらいの値段から買いはじめようか」なんて考えない。「よし買うぞ、応援に行くぞ」だけでもって、適当なところで買い注文を出す。あれこれ考えず、さっさと買い注文を出すのだ。

投資なんて、買いタイミングをあれこれ考えだしたら、相場のドツボにはまってしまうだけだ。もっと下値があるのではとか、明日はもっと下がるかもとかで悩み、いつまで経っても買えない。

暴落相場となったら、とにかく買うのだ。もたもたしていると、買わないうちに株価は反転上昇に入りかねない。

もっとも、来る金融バブル崩壊では相当にえげつなく売られよう。したがって、かなり売り込まれるまでは慌てて買いに行かなくていい。それでも、ある程度下げた段階で「適当に買っておこう」だ。

理由は簡単で、生活者として心から応援したい企業の株価は、バブル崩壊でもそれほど大きく下がらない。そして、案外と早い段階で反発の上昇に転じるものだ。

ここが、バブルで大人気となった企業の株価と違うところである。バブル相場で買って買いまくりとなってきた企業の株は、それだけ売りも多いからトコトン売られる。

平均株価も、そういったすさまじい売りに引きずられて、ズルズルと下がっていく。それをみて、まだまだ暴落相場は続くと報道されるわけだ。

ところが、暴落相場が続いていても個別銘柄でみると、すでに底を打っているケースが意外と多い。だから、適当なタイミングで応援買いに入ろうだ。

[4] 買ったら、のんびり待つ

暴落相場を待ってましたの応援買いに入る。1回で買ってしまうのも、3回ぐらいに分けて買うのも、どちらでもいい。とにかく、買っておこう。

買ったら、あとはのんびり待つだけだ。時として、暴落相場をゴキゲンで買いに行ったのに、その後またさらに下がることもある。資金の余裕があれば買い増ししてもいいが、資金がなければ放っておこう。

そこで、「しまった、早く買いすぎた。もっと安く買えたのに」などとは考えない。そんな考えを抱いた瞬間に、「儲けたい」投資家に成り下がってしまう。

すごい暴落相場を、とにもかくにも応援買いに入ったのだ。長期投資家としての行動はしたぞという満足感に浸っておればいい。

この満足感は大事である。バブルに踊った投資家を含め、皆が情け容赦なく売ってきた。こちらは、そこを断固たる応援に入ったのだ。他の誰が、こんな応援買いできるというのか。そのぐらいの満足感に浸って構わない。

暴落相場で買ったら、あとはのんびり待つといったが、もはや買ったのを忘れてしまうぐらいで、ちょうどいい。

それを、「まだ、上がらないのか、上昇相場はいつ来るのか」などとあせったら、これまた「儲けたい」投資家に成り下がってしまう。いわゆる相場追いかけ型だ。

そのうちどこかで、株式市場が大活況となっているとかを新聞やテレビが騒ぎだす。そしたら、おもむろに自分の応援企業の株価をチェックしてみよう。株価は相当に上がっているはず。

そこからは、株価を毎日みてもいい。そして、ずいぶん上がってきたなと思えるようになってきたら、そろそろ売りを考えよう。

[5] にわか応援団にまかす

しばらく前の暴落相場がウソだったかのように、株式市場に活気が戻ってきた。自分の応援企業の株価もかなり上がってきている。

それをみるに、「なんだよ、あの時やたらめっちゃ売りまくっていたのに」と、世の多くの投資家たちの様変わりに対し、憤りさえ感じる。

暴落相場で応援買いに入ったこちらからすると、いまガンガンに買ってきている連中は「にわか応援団」といってやりたくもなる。

あんなにも、情け容赦なく売ってたのに、いまは手の平を返すように買い群がってきているではないか。よし、そういうことなら「しばらく応援をあの連中にまかそう」と考えていい。

長期の株式投資は、生活者にとって大事な企業を応援することだ。皆が売っている時は応援買いに行くし、皆が買ってきたのなら応援をしばらく連中にまかせてもいい。

あくまでも、「企業を応援する、それも応援すべき時に」がキーワードである。

【6】売る時も、適当でいい

応援をにわか応援団にまかそうと決めたら、そこから先は適当に売りを出していこう。ここでも「株価はどこまで上がるだろう」とか「いつ売るのが一番いいのだろう」とかの儲け心を持ちだしてはいけない。

売り時は本当に難しい。人間はどうも欲に弱いもので、「もっと上があるのでは」とか「もうすこし」といって、欲にかられている間に、売り時を逃がしてしまうものだ。

それよりも、「にわか応援団のあいつらにまかそう」といって、さっさと売るに限る。先ほども書いたように、「なんだよ、状況が良くなったら、手の平を返すように買って来よって」と、やや憤りをもって。

ともあれ、あれだけの暴落相場を買ったのだ、どのあたりの株価で売ろうと、結構な投資収益となる。これが、「儲かってしまう」である。

よく投資のリターンというが、まさに投下した資金が殖えて「戻ってくる」ではないか。これが、本物の投資ということだ。もちろん、投資や経済の勉強などはしなくていい。

この「儲かってしまった」を実感すると、長期の株式投資は本当に簡単で楽だと、自信が湧いてくる。ひたすら、企業を応援するという強い意志をもつだけでいいとも確信できた。

立派な生活者投資家の誕生である。

[7] 売ったら、「すぐ、次はどれか」はない

自分にとって大事な企業を応援しながら、結構な投資収益も得られた。「首尾よく1ラウンドが終わったから、すぐ次のラウンドに入っていこう」はない。

かりに、3銘柄を応援買いしていて、1銘柄は「にわか応援団」にまかせて売り上がった。だからといって、すぐ次の買い銘柄をさがしにいくのはダメだ。それをやらかしたら、たちまち普通の投資になってしまう。

あくまでも次の暴落相場を待つのだ。暴落相場を応援買いに入る。にわか応援団が大挙して出てきたところで、彼らに応援をまかす。そして、次の暴落局面すなわち「われわれ真の応援団」の出番を待つ。

このペースとリズムを守ることが肝要である。そして、いざ買う時も売る時もアバウト、つまり「適当な価格で」を守る。

そう、自分のペースとリズム、そして買いも売りもアバウトでいくのだ。

おわりに

本書の書名を「バブル崩壊、どうせなら早く来てしまえ！」にしようかと、最後まで悩んだ。

壮大な金融バブルが現在進行中である。そのバブルが崩れるのは、もう時間の問題とみる。

どうせ崩れるのなら早い方がいい。なぜなら、バブルが膨れ上がるほど、崩壊した後がより悲惨なことになるのだから。

バブル崩壊？　そう、金利をゼロにして資金を大量に供給しさすれば、経済は成長すると唱えるマネタリズム政策の限界である。

マネーさえ大量にバラ撒けばの考え方を、先進国を中心にして世界はどんどん深掘りしてきた。だが、さっぱり効果は上がっていない。

それどころか、どこの国も経済は弱体化するばかりで、国や中央銀行への依存度をますます強めている。マネー膨れした経済がもたらしたものは、一部の富裕層への富の集中と、大多数の国民の低所得化だけではないか。

なにもいいことはなかった。なのに、その金融バブルが崩壊すれば、とんでもないしわ寄せが、経済や社会そして国民生活にまで襲ってくるのだ。どう考えても、おかしい。不合理で不条理にすぎる。

どのバブルも崩壊するや、経済や社会は大混乱に陥る。バブルに踊っていた人たちはどうであれ、その後始末はいつも国民に降りかかってくるのだ。

それが金融の時代とやらの行く着くところなのか。いくら憤り、無責任にすぎると怒ったところで、ラチが明かない。

そういうことなら、われわれ一般生活者は、自助の対策を講じるに如かず。幸い、長期の株式投資でなら、バブル崩壊の荒波を乗り越えて、資産を守り育てることができる。

長期の株式投資は、生活者にとって大事な企業を応援していくが、それはより良い社会や世の中をつくっていく方向で、お金に働いてもらうことだ。そう、マネーがすべてのケバケバしい社会からの脱却だ。

バブルがはじけようと、経済や社会が大混乱に陥ろうと、人々の生活は続く。それを支える企業活動も、一時として止まることはない。経済のそういった部分を熱く応援していくのが長期投資であり、生活者投資家の役割である。

われわれが生活者投資家になっていくことで、おだやかでしっとりとした経済をつくっていこうではないか。

甘っちょろい？　青くさい？　フフフ、なんとでも言ってくれだ。

われわれ長期投資家は、バブル崩壊を平気な顔して、「待ってました」のバーゲンハンティングに入るのだ。

甘っちょろいとかいっている皆さん、暴落相場を買いにいけますかな。

澤上篤人

■著者略歴
澤上　篤人（さわかみ　あつと）
さわかみホールディングス代表取締役、さわかみ投信会長。1971年から74年までスイス・キャピタル・インターナショナルにてアナリスト兼ファンドアドバイザー。その後79年から96年までピクテ・ジャパン代表を務める。96年にさわかみ投資顧問（現さわかみ投信）を設立。販売会社を介さない直販にこだわり、長期投資の志を共にできる顧客を対象に、長期保有型の本格派投信「さわかみファンド」を99年から運営している。同社の投信はこの1本のみで、純資産は約3300億円、顧客数は11万5000人を超え、日本における長期投資のパイオニアとして熱い支持を集めている。著書多数。『日経マネー』で2000年9月号から連載執筆中。

本書の内容に関するお問い合わせは弊社HPからお願いいたします。なお、「さわかみファンド」に関するお問い合わせはさわかみ投信株式会社ご縁の窓口（03-6706-4789）までお願いいたします。

大暴落《だいぼうらく》！その時《とき》、どう資産《しさん》を守《まも》り、育《そだ》てるか

2021年　6月　16日　初版発行
2021年　8月　2日　第10刷発行

著　者　澤《さわ》上《かみ》篤《あつ》人《と》
発行者　石野栄一

〒112-0005 東京都文京区水道 2-11-5
明日香出版社
電話（03）5395-7650（代表）
（03）5395-7654（FAX）
郵便振替 00150-6-183481
https://www.asuka-g.co.jp

■スタッフ■　BP事業部　久松圭祐／藤田知子／藤本さやか／田中裕也／朝倉優梨奈／竹中初音／畠山由梨／竹内博香
BS事業部　渡辺久夫／奥本達哉／横尾一樹／関山美保子

印刷　株式会社文昇堂
製本　根本製本株式会社
ISBN 978-4-7569-2146-8 C0033

編集担当　田中裕也